Taschentrainer Englisch

Bärbel Schumann-Henke

Letters, Emails, Text Messages

Schnell und sicher formulieren

Hueber Verlag

Taschentrainer Englisch

ist eine Reihe von Übungsbüchern im kleinen Format für schnelles und bequemes Üben zu Hause und unterwegs. Mit den Taschentrainern werden Grammatik, Wortschatz und Sprachgebrauch in authentischen Situationen wiederholt, gefestigt und vertieft. Die Reihe ist optimal für das Selbststudium geeignet.

Die Autorin dankt Nessa Goodman sehr herzlich für die sprachliche Beratung und die Durchsicht des Manuskripts.

3. 2. 1. | Die letzten Ziffern
2014 13 12 11 10 | bezeichnen Zahl und Jahr des Druckes.
Alle Drucke dieser Auflage können, da unverändert, nebeneinander benutzt werden.
1. Auflage

Redaktion: Heike Birner, Hueber Verlag, Ismaning
Umschlaggestaltung: Parzhuber und Partner, München
Fotogestaltung Cover: wentzlaff | pfaff | güldenpfennig kommunikation Gmbh, München
Coverfoto: © Matton Images/StockByte
Zeichnungen: Irmtraud Guhe, München
Layout und Satz: Birgit Winter, Seefeld
Druck und Bindung: Ludwig Auer GmbH, Donauwörth
Printed in Germany
ISBN 978-3-19-207918-4

Inhalt

Seite

4 Vorwort

Informationsteil und Übungen

5 A. Alles rund um den Brief auf Englisch
25 B. Alles rund um die E-Mail auf Englisch
45 C. SMS – Kurzmitteilungen
51 D. Post von Privat an Privat
73 E. Post von Privat an Unternehmen
83 F. Post von Unternehmen an Unternehmen
113 G. Bewerben auf Englisch
133 H. Stilsicher und korrekt

151 **Lösungen**
157 **Anhang: Abkürzungen und Vermerke**

Vorwort

Liebe Englischlernende,

welche Anrede steht zu Beginn eines englischen Geschäftsbriefes und welche Grußformel steht am Ende? Soll ich ein Komma setzen, und wie schreibe ich das Datum richtig? Wie formuliere ich Einladungen, Dankesschreiben, Glückwünsche, Anfragen, Bewerbungsanschreiben ...?

Auf diese und andere Fragen zum Thema Korrespondenz auf Englisch gibt der vorliegende Taschentrainer praxisgerechte Antworten. Neben Privat- und Geschäftskorrespondenz behandelt er auch moderne Kommunikationsformen wie E-Mails und SMS.

Im Taschentrainer „Letters, Emails, Text Messages“ finden Sie

- zahlreiche Tipps und Infos rund um Ihre Korrespondenz auf Englisch,
- Mustertexte und Formulierungshilfen für die wichtigsten Textsorten,
- über 60 abwechslungsreiche und unterhaltsame Übungen,
- einen übersichtlichen Lösungsteil zur Selbstkontrolle,
- einen Anhang mit wichtigen Abkürzungen und den Namen der britischen Grafschaften und der US-Bundesstaaten.

Der Taschentrainer ist ideal für das schnelle und bequeme Lernen zwischendurch. Das kleine, handliche Format passt in jede Tasche. So können Sie jederzeit, zu Hause und unterwegs, Übungen machen.

Viel Spaß mit Ihrem Taschentrainer!

Autorin und Verlag

A. Alles rund um den Brief auf Englisch

6 Umschlag
8 Aufbau eines Briefes
10 Adresse des Absenders
11 Adresse des Empfängers
11 Datum
12 *Attention line*
13 Anrede
17 Betreff
18 Briefinhalt
18 Grußformel

Alles rund um den Brief auf Englisch

Sei es das Kondolenzschreiben an einen Freund in Australien, die Bewerbung auf Englisch oder eine Mahnung an einen säumigen Kunden in Schottland, manchmal ist das papierne Schreiben das einzig angebrachte Kommunikationsmittel. Doch wie ist ein Brief auf Englisch eigentlich aufgebaut? Was soll auf dem Umschlag stehen? Welche Anrede ist für wen korrekt und wie verabschiede ich mich? Obwohl es im englischen Sprachraum keine einheitlichen Regeln für den Aufbau eines Briefes gibt (wie im deutschen Sprachraum die DIN-Richtlinien), so bestehen doch Standards und Konventionen, die Sie kennen sollten, wenn Sie einen guten Eindruck hinterlassen und zeigen wollen, dass Sie sich mit den Gepflogenheiten des jeweiligen Landes auskennen.

Umschlag

Bei der Empfängeradresse auf dem Umschlag ist folgende Reihenfolge einzuhalten:

1. Name der angeschriebenen Person
2. Name des Unternehmens (bei Geschäftsbriefen)
3. Wohnungsnummer (falls vorhanden, z. B. *flat C 4*) bzw. Hausname (z. B. *Pine Grange*)
4. ggf. Business Park (bei Geschäftsbriefen)
5. Hausnummer (Komma oder auch nicht), dann erst Straße/Postfach
6. Stadt und ggf. Postleitzahl
7. ggf. County/State und Postleitzahl

Die Anschrift wird in englischsprachigen Ländern eher mittig auf den Umschlag geschrieben. Die Absenderadresse kommt nach oben links oder auf die Rückseite. Viele Briten verzichten bei Privatbriefen ganz auf die Absenderadresse. Firmen haben meist Briefumschläge mit gedruckter Firmenadresse auf der Vorder- oder Rückseite.

Bei Fensterumschlägen ist die kleingedruckte Absenderadresse über der Empfängeradresse in englischsprachigen Ländern nicht üblich.

Beispiel: Umschlagvorderseite USA

Falmouth Chamber of Commerce 20 Academy Lane (Hausnummer und Straße) Falmouth (Ort), MA 02540 (Bundesstaat und *zip code*) UNITED STATES OF AMERICA

Ort und Bundesstaat kommen in die gleiche Zeile und werden durch ein Komma getrennt.
Die Postleitzahl (in den USA *zip code*) folgt auf die Abkürzung für den Bundesstaat. MA steht für Massachusetts. Eine komplette Liste der Abkürzungen für die US-amerikanischen Staaten finden Sie im Anhang.

Beispiele: Umschlagvorderseite UK

Visit Kent 3 The Precincts (Hausnummer und Straße) Canterbury (Ort) Kent CT1 2EE (Grafschaft und *postcode*) UNITED KINGDOM	Edinburgh Chamber of Commerce Capital House (Hausname/Geschäftszentrum) 2 Festival Square (Hausnummer und Straße) Edinburgh EH3 9SU (Ort und *postcode*) UNITED KINGDOM

Im Vereinigten Königreich (Großbritannien und Nordirland) wird bei kleineren Städten häufig die Grafschaft (z.B. Kent) mit angegeben. Bei Cities und größeren Städten wie z. B. Bristol, Leeds, Edinburgh oder Belfast fällt die Grafschaft in der Regel weg und der *postcode* wird neben oder unter die Stadt geschrieben. Da Grafschaften häufig sehr lange Namen haben, gibt es einige standardisierte Abkürzungen, die im Anhang aufgeführt sind.

Tipp: Kennen Sie zwar die Adresse Ihres Empfängers, nicht aber die Postleitzahl, können Sie diese im Internet unter *http://postcode.royalmail.com* finden.

Beispiele: Umschlagvorderseite Irland

Dublin Chamber of Commerce 7 Clare Street (Hausnummer und Straße) Dublin 2 (Ort und *postal district*) IRELAND	Limerick Chamber of Commerce Shannon Branch Office, Freelance Business Bureau, Ariston House, Smithstown Business Park, Shannon, (Ort) Co. Clare (Grafschaft) IRELAND

In Irland gibt es außer den *postal districts* in Dublin keine Postleitzahlen. Überall sonst wird nur die Stadt angegeben und die Grafschaft (*county*, kurz Co.), in der sie sich befindet. Decken sich Orts- und Countyname, kann das County weggelassen werden.

Wird die Anschrift wie im letzten Beispiel auf dem Umschlag mit Kommas geschrieben, so sind auch Satzzeichen bei Innenanschrift, Anrede, Datum und Grußformel nötig.

Irland heißt auf Englisch übrigens *Ireland*, nicht *Republic of Ireland*. Der Name *Eire* ist gälisch und nicht angebracht, wenn die übrige Adresse auf Englisch geschrieben wird.

Aufbau eines Briefes

1. Absenderadresse
2. ggf. Hinweis auf Einschreiben oder Vertraulichkeit
3. Adresse des Empfängers
4. Datum
5. ggf. *Attention line*
6. Anrede
7. Betreff
8. Briefinhalt
9. abschließender Satz
10. Grußformel
11. Unterschrift
12. Hinweis auf Anlage(n)
13. Hinweis auf Kopie(n)

Beispiel: Geschäftsbrief

1. Flat C 4, Pine Grange
28 Albemarle Road
Bournemouth
Dorset BH3 7LZ
.
.
. (ggf. linksbündiges Datum)
.

oder

1. Flat C 4, Pine Grange
28 Albemarle Road
Bournemouth
Dorset BH3 7LZ

2. REGISTERED MAIL
PRIVATE AND CONFIDENTIAL
. (1 Zeile Abstand)

3. Mr Brian Meadows (Name zuerst)
Head of Marketing (Position)
Cornish Pottery (Firma)
23 Haverfield Gdns. (Hausnummer zuerst, dann Straße)
Bristol BS7 9XS (Ort zuerst, dann *postcode*)
.
.

4. 21 July 2010 oder 21 July 2010
.
.

5. For the attention of Brian Meadows
.

6. Dear Mr Meadows
.

7. Re: Order xyz
.

8. You may remember that we met at the exhibition ____________________
____
____
____
____
____
____

9. I look forward to hearing from you.

10. Yours sincerely
.
Laura Langley (4 Zeilen Abstand für die handschriftliche Unterschrift)
. (ggf. Position)
.

11. Laura Langley (getippter Name)

12. Enc/ Encs

13. cc: ...

Die Punkte am linken Rand geben empfohlene Zeilenabstände an.

Achtung: Je nachdem, ob es sich um einen privaten oder einen geschäftlichen Brief handelt, und ob der Brief so aufgebaut werden soll, wie es im AE oder im BE üblich ist, gibt es mehrere Möglichkeiten, wo und wie das Datum geschrieben werden kann oder wo der Betreff zu platzieren ist.

Adresse des Absenders

Anders als in Deutschland schreibt man in englischsprachigen Ländern auch bei privaten Briefen die Absenderadresse rechts oben auf die 1. Seite. Das hat den Vorteil, dass man Ihnen antworten kann, auch wenn der Umschlag mit Ihrem Absender verloren geht. Seinen Namen gibt man dabei jedoch nicht an, da er ja ohnehin der Unterschrift zu entnehmen ist.

Schreiben Sie Ihre deutsche, Schweizer oder österreichische Absenderadresse in der im Absenderland üblichen Reihenfolge auf. Schließlich soll der Antwortbrief ja auch zu Ihnen finden.

The Laurels
19, Homefarm Road
Bournemouth
Dorset BH3 7LZ

24th May 2010

Dear Eleanor,

Thank you for having Clara and myself to stay at your lovely house last week. We enjoyed ourselves very much. This was entirely due to the friendly welcome

____

____

____

With love from us both,

Harriet

Falls Ihr Briefpapier über einen gedruckten Briefkopf mit Absenderadresse verfügt, geben Sie diese selbstverständlich nicht ein weiteres Mal an.

Adresse des Empfängers

Die Empfängeradresse auf dem Briefpapier ist nur bei Briefen notwendig, die nicht privater Natur sind. Sie baut sich genauso auf wie die auf dem Umschlag.

Achtung: Geht der Brief an ein Unternehmen, kommt der Name des Ansprechpartners in die erste Zeile, der des Unternehmens in die zweite. Im deutschen Brief ist es umgekehrt.

Alternativ können Sie eine *attention line* verwenden, siehe dazu Seite 12f.

Datum

Kein Brief sollte ohne Angabe des Datums versandt werden. Anders als im Deutschen gibt es keine verbindliche Regel, ob das Datum rechts oder links zu stehen hat. Im BE wird das Datum entweder nach 2 Leerzeilen linksbündig unter die Empfängeradresse geschrieben oder auf die rechte Seite, dort aber nicht unbedingt rechtsbündig. Im AE steht das Datum meist nach 2 Leerzeilen linksbündig unter der Absenderadresse.
Während es in privater Post früher immer rechts angesiedelt war, setzt sich bei jüngeren Schreibern mehr und mehr das Datum auf der linken Seite durch. Der Ort wird niemals vor das Datum gesetzt.

Auch bei der Schreibweise des Datums selbst haben Sie verschiedene Möglichkeiten. Alle vier im Folgenden aufgeführten Schreibweisen sind im **BE** korrekt, **sowohl mit als auch ohne Komma.** Die erste wird mit Komma wohl am häufigsten in privater Korrespondenz verwendet, während die letzte ohne Komma besonders in Geschäftsbriefen zu finden ist.

Beispiel: Datumsangabe im BE

15th March, 2010 15th Mar., 2010 March 15th, 2010 **15 March, 2010**

Ganz allgemein könnte man sagen, dass die Verwendung der Ordnungszahl und das Setzen eines Kommas vom Empfänger als persönlicher und das Weglassen von Ordnungszahl und Komma als geschäftsmäßiger empfunden wird.

Achtung: Obwohl man *the fifth of March* liest, gehören *the* und *of* nicht ins geschriebene Datum. Vergessen Sie bitte nicht den Leerschritt vor der Jahreszahl.

Im **AE** wird der Tag dem Monat nachgestellt und auf die Ordnungszahl generell verzichtet. Hier empfiehlt es sich, wegen der besseren Lesbarkeit nach dem Tag ein Komma zu setzen.

Beispiel: Datumsangabe im AE

March 5, 2010

Nicht vergessen: Monatsnamen werden immer groß geschrieben.

Vorsicht ist geboten, wenn man die Monate in Zahlen schreiben will.
Der 5. März 2010 wäre im BE *05/03/2010* und im AE *03/05/2010*.

Attention line

Steht der Name der angeschriebenen Person nicht bereits vor der Empfängeradresse, wird er in die *attention line* gesetzt.
Kennen Sie die Position Ihres Briefpartners in der Firma, können Sie sie hinzufügen.

Mögliche Schreibweisen für die *attention line* sind:
For the attention of Ms Coughlan, Sales Manager
Attn Ms Coughlan, Sales Manager
Att.: Ms Coughlan, Sales Manager.
Einfach nur den Namen in diese Zeile zu schreiben, ist nicht üblich.

Anrede

Seit dem 17. Jahrhundert wird im englischsprachigen Raum die Anrede *Dear* (wörtlich übersetzt: „Liebe/r") für alle Adressaten verwendet, egal, ob es sich dabei um einen engen Freund, eine hochrangige Persönlichkeit oder einen Unbekannten handelt. Aus dieser Anrede kann man also nicht auf die Vertrautheit zwischen Absender und Empfänger schließen.

a) Sie kennen den/die Namen der Person(en) nicht

Dear Madam	wenn Sie den Namen der Dame nicht kennen
Dear Sir	wenn Sie den Namen des Herrn nicht kennen
Dear Sir or Madam (BE + AE) *Dear Sirs* (BE) *Gentlemen:* (AE) *Ladies and Gentlemen:* (AE)	wenn Sie an ein Unternehmen/ eine Institution schreiben
Dear Sales Manager *Dear Project Manager(s)* *Dear HR*[1] Manager	wenn der Brief an eine oder mehrere Personen im Unternehmen geht, die eine bestimmte Funktion innehaben, Sie den Namen der Person(en) aber nicht kennen

[1] Human Resources

"To whom it may concern"
Immer wieder liest man diese Anrede als Übersetzung für *Sehr geehrte Damen und Herren*. Dies ist streng genommen nicht korrekt. *To whom it may concern* ist nur dann zu verwenden, wenn man nicht nur den Namen des Empfängers / der Empfänger nicht kennt, sondern nicht einmal das Unternehmen oder die Organisation, die das Schreiben zu lesen bekommen wird. Dies ist z. B. bei Zeugnissen oder Bescheinigungen der Fall. In Teil D und F dieses Taschentrainers finden Sie einige Beispiele für die richtige Verwendung.

b) Sie kennen den/die Namen der Person(en)

▶ Anrede mit Nachname(n)

Dear Dr Shaw *Dear Doctor Shaw*	Anrede für Träger des Doktortitels; Mr, Ms oder Mrs fallen weg
Dear Prof. Anderson *Dear Professor Anderson*	Wie beim Doktor. Allerdings muss nach der Abkürzung Prof. ein Punkt gesetzt werden. Achtung: nicht Prof. + Dr
Dear Ms Blue, Mrs Hopkins and Mr Winger *Dear Mr Ryley and Mr Harris*	Anrede für mehrere Personen
Dear Mr and Mrs White	Anrede für ein Ehepaar
Dear Prof. and Mr Winger	Anrede für ein Ehepaar; die Frau hat einen besonderen Titel und wird deswegen vorgezogen
Dear Drs White	Anrede für ein Ehepaar; beide haben einen Doktortitel

Beachten Sie: Die höherrangige Anrede ersetzt alle anderen für die Person möglichen Anreden. Handelt es sich z. B. bei dem/der Empfänger(in) um einen Professor oder eine Professorin, schreiben Sie nur *Prof. Smith. Mr/Mrs/Ms* und *Dr* fallen weg. Hat die Person einen Doktortitel, fallen *Mr/Mrs/Ms* weg.

Nach *Mr, Mrs* und *Ms* setzt man im BE keinen Punkt. Auch im AE wird zunehmend auf den Punkt verzichtet. Daher finden Sie in diesem Taschentrainer nur die Schreibweise ohne Punkt.
Warum steht nach *Dr* kein Punkt, aber nach *Prof.*? Dahinter steckt eine einfache Regel: Der Punkt wird auf jeden Fall gesetzt, wenn der erste und der letzte Buchstabe des ausgeschriebenen Wortes nicht dem ersten und letzten Buchstaben der Abkürzung entsprechen (**D**octo**r** – Dr, **P**rofesso**r** – Prof.).

Dear Mr Boswell – Sehr geehrter Herr ...
Dear Mrs Lexington – Sehr geehrte Frau ... (verheiratet)
Dear Ms Goodman – Sehr geehrte Frau ... (neutral)

Miss, Mrs oder Ms?
Die Anrede *Miss* für unverheiratete Frauen ist genauso veraltet wie das deutsche „Fräulein". Man sollte diese Anrede nur verwenden, wenn man weiß, dass die angeschriebene Dame das so wünscht. Die Anrede *Ms* wird sowohl für unverheiratete als auch für Frauen verwendet, deren Familienstand man nicht kennt. *Mrs* ist weiterhin die Anrede für verheiratete Frauen. *Ms* ist also nicht wirklich die weibliche Entsprechung von *Mr.*

Besondere Schwierigkeiten: Ist der Vorname männlich oder weiblich? Welches ist überhaupt der Vorname?
Manchmal kann es vorkommen, dass man nicht erkennt, ob es sich um einen männlichen oder weiblichen Vornamen handelt. Da nicht in jedem Kulturkreis der Vorname vor dem Nachnamen genannt wird, kann es auch Schwierigkeiten bereiten, zu erkennen, welches der Nachname ist. Lassen Sie in der Anrede dann einfach *Mr, Ms* oder *Mrs* weg und setzten Sie stattdessen den Vornamen ein, bzw. führen Sie die Namen in der Reihenfolge auf, in der Sie sie erhalten haben. Beispiele: *Dear Chris Rees, Dear Lin Huang.*

▶ Anrede mit Vorname(n)

Im englischsprachigen Raum geht man bei Geschäftskontakten meist sehr schnell zum Vornamen über. Daher gelten die ersten beiden Beispiele sowohl für private Kontakte als auch für geschäftliche.

Dear Margaret
Dear David
My dear Ruth (unter Verwandten)
Darling Michael (unter Verliebten)

Tipp: Um nicht ins Fettnäpfchen zu treten, sollten Sie es vorsichtshalber der Kontaktperson überlassen, die Anrede mit dem Vornamen einzuführen. Hat der oder die andere Sie jedoch bereits mit dem Vornamen angesprochen, so sollten Sie die zukünftige Korrespondenz auch unter Verwendung des Vornamens führen. Beantworten Sie solche Briefe dennoch mit *Dear Mr X*, kann dies auf den englischsprachigen Empfänger etwas befremdlich wirken.

Beachten Sie: Im AE folgt auf die Anrede ein Doppelpunkt *(Dear Mr Anderson:)*, im BE ein Komma *(Dear Mr Anderson,)*. Immer häufiger wird auch sowohl im BE wie im AE gar kein Satzzeichen verwendet. Egal welche Variante Sie wählen, wichtig ist, dass Sie dann auch bei der Schlussformel dabei bleiben. **Verwenden Sie bei der Anrede kein Satzzeichen, ist es auch in der Schlussformel wegzulassen.**

Betreff

Die Betreffzeile *(subject line)* steht **im BE zwischen der Anrede und dem Briefinhalt**. Sie wird entweder mit *RE:* (Abkürzung von *regarding*) oder *Subject:* begonnen oder aber der Betreff wird direkt angegeben. Sehr häufig wird der Betreff unterstrichen. Vor und nach der Betreffzeile ist eine Leerzeile einzufügen.

Beispiel: Betreffzeile im BE

21 July, 2010
. (Leerzeile)
. (Leerzeile)
Dear Mr Craven
. (Leerzeile)
<u>Subject: Your enquiry dated 16 July 2010</u>
. (Leerzeile)
Thank you for your enquriy of ________________________________
____
____

Yours sincerely,

Im AE steht die Betreffzeile entweder wie im Deutschen zwischen Adresse und Anrede oder schon über der Empfängeranschrift, wenn auch das Datum über der Anschrift steht. In beiden Fällen ist vor und nach der Betreffzeile eine Leerzeile einzufügen.

Briefinhalt

In den Kapiteln D, E und F finden Sie Musterbriefe und Textbausteine für verschiedene Gelegenheiten.
Deshalb an dieser Stelle nur folgende allgemeine Hinweise:

- Der eigentliche Briefinhalt beginnt **immer mit einem Großbuchstaben**, egal ob Sie nach der Anrede ein Komma, einen Doppelpunkt oder gar kein Satzzeichen gesetzt haben.
- Bei privaten Briefen wird die erste Zeile eines jeden Absatzes häufig eingerückt. Geschäftsbriefe werden linksbündig oder im Blocksatz geschrieben. Nach jedem Absatz wird eine Leerzeile eingefügt.
- *You* wird in geschäftlichen wie privaten Briefen immer kleingeschrieben, *I* immer groß.

Der abschließende Satz

Ohne einen abschließenden Satz wirkt ein englischer Brief für den Muttersprachler einfach nicht rund. Sei es, dass man sich noch einmal bedankt, auch wenn man das schon im ersten Satz getan hat, dass man sich entschuldigt oder einfach die Hoffnung ausdrückt, bald eine Antwort zu erhalten:
Once again, thank you for your understanding in this matter.
Thank you for placing your order with us.
I would like to reiterate my apologies.
We look forward to hearing from you soon.

Grußformel

a) Sie kennen den/die Name(n) der Person(en) nicht

Briefe an Personen, deren Namen man nicht kennt, beendet man im BE mit *Yours faithfully.*

Beachten Sie: Im AE ist *Yours faithfully* nicht gebräuchlich. Die amerikanische Variante ist *Truly yours* oder *Very truly yours*. Wenn es nicht ganz so formell klingen soll, können Sie *Sincerely yours* (Achtung: umgekehrte Reihenfolge wie im BE) oder auch nur *Sincerely* verwenden.

Yours truly
Es gibt eine Ausnahme, wo *Yours truly* auch im britischen Englisch verwendet werden muss, und zwar bei Anschreiben, die nicht mit dem eigenen Namen, sondern dem der Firma unterschrieben werden. Beispiel: Eine Kanzlei schreibt einen Klienten mit seinem Namen an *(Dear Mr Smith)* und beendet ihn mit *Yours truly, Hodges & Fiddlers.*

b) Sie kennen den/die Namen der Person(en)

▶ bei Anrede mit Nachname(n)

Briefe an Personen, deren Namen man kennt, beendet man im BE mit *Yours sincerely*, im AE mit *Sincerely yours* oder einfach nur *Sincerely.*
Darüber hinaus kann man sich im AE auch mit *Cordially* oder *Cordially yours* verabschieden.

▶ bei Anrede mit Vorname(n)

Wird der Vorname in der Anrede verwendet, so beendet man den Brief mit dem Gruß *Best regards* oder *Kind regards*.
Von Freunden kann mit sich auch mit *Best wishes, Take care, All the best, With (much) love* oder *Love* verabschieden.
Love ist einfach ein liebevoller Gruß und besagt **nicht**, dass Sie in den Empfänger verliebt sind. Er wird von Männern meist nur für nahestehende Verwandte benutzt, von Frauen auch für alle engen Freunde.

Anders als im Deutschen ist *Your* + **der eigene Vorname** nur unter Liebenden angebracht (*Your Robert* oder *Your loving Robert*).

Achtung: Nach der Grußformel kommt nur ein Komma, wenn Sie auch bei der Anrede ein Komma oder einen Doppelpunkt gesetzt haben.

Der **Hinweis auf Anlagen** (*enclosure(s)*, abgekürzt *enc* bei einer und *encs* bei mehreren) wird im Englischen nicht fett geschrieben.

Weisen Sie bereits im Text auf die Anlagen hin, so sind *Please find enclosed* … (formell) oder *We are enclosing* … gebräuchliche Wendungen.

Auch die **cc-Zeile** (Verteiler bzw. Kopien) wird nicht fett geschrieben. CC kommt von *carbon copy*, weil Kopien früher per Durchschlag mit Kohlepapier angefertigt wurden. Da dies nicht mehr zeitgemäß ist, nennt man Kopien heute vielerorts auch *courtesy copy*. Manche Unternehmen schreiben auch *copy to* in diese Zeile.

Ein **PS** wird heute in Geschäftsbriefen nicht mehr verwendet, um auf etwas im Text Vergessenes hinzuweisen. Wenn das Postscriptum genutzt wird, dann, um an dieser auffälligen Stelle auf einen Sachverhalt besonders hinzuweisen.

Übungen

A1 Datumsangaben

Ordnen Sie die englischen und deutschen Datumsangaben einander zu.

1. December 8, 2009
2. 05/08/2010 (England)
3. 11th Aug., 2010
4. 12/06/2010 (USA)
5. 9th October, 2009
6. 5 March, 2009
7. April 2nd, 2009
8. Jun 15, 2011

a. 9. Oktober 2009
b. 11. August 2010
c. 5. März 2009
d. 2. April 2009
e. 8. Dezember 2009
f. 5. August 2010
g. 15. Juni 2011
h. 6. Dezember 2010

1	2	3	4	5	6	7	8
e							

A2 Abkürzungen

Schreiben Sie die entsprechende Abkürzung hinter folgende Anreden und achten Sie dabei darauf, ob ein Punkt notwendig ist oder nicht.

1. Captain ________
2. Colonel ________
3. Doctor ________
4. General ________
5. Lieutenant ________
6. Major ________
7. Professor ________
8. Reverend ________
9. His/Her Majesty ________
10. Mister ________
11. Mistress ________
12. Senator ________

A3 Anrede und Grußformel

Kreuzen Sie die passende Anrede und Grußformel für die folgenden Adressaten an. Mehrfachnennungen sind in manchen Fällen möglich.

1. Das Glasgow Tourist Board

Anrede a. ☐ Gentlemen: b. ☐ Dear Tourist Board, c. ☐ Dear Sir or Madam
Gruß d. ☐ Love, e. ☐ Best wishes f. ☐ Yours faithfully

2. Ihre amerikanische Freundin Jane

Anrede a. ☐ Dear Madam, b. ☐ Dear Jane: c. ☐ Dearest Jane:
Gruß d. ☐ All the best, e. ☐ Best wishes, f. ☐ Truly yours,

3. Ihren irischen Geschäftskontakt Paul Steward, den Sie bereits kennen gelernt haben

Anrede a. ☐ Dear Sir, b. ☐ Dear Paul Steward, c. ☐ Dear Paul
Gruß d. ☐ Best wishes, e. ☐ Best regards, f. ☐ Sincerely yours,

4. Greenpeace New Zealand, wo Sie sich um eine Praktikumsstelle bewerben wollen

Anrede a. ☐ Dear Sir or Madam, b. ☐ Gentlemen: c. ☐ Hi,
Gruß d. ☐ Regards, e. ☐ Take care, f. ☐ Yours faithfully,

5. Die Vermieterin Ihrer Ferienwohnung in England, Joanna Worthington

Anrede a. ☐ Dear Mrs Worthington b. ☐ Hi Joanna c. ☐ Dear Ms Worthington
Gruß d. ☐ All the best, e. ☐ Yours faithfully, f. ☐ Yours sincerely,

6. Das schottische Paar, das Sie im Urlaub kennen gelernt haben (Paula und David Drummond)

Anrede a. ☐ Dear Paula and David b. ☐ Hi Paula and David
c. ☐ Dear Mr and Mrs Drummond
Gruß d. ☐ All the best, e. ☐ Yours faithfully, f. ☐ Yours sincerely,

A4 *An enquiry*

Sie möchten von einer Firma in England, in der Sie niemanden beim Namen kennen, die aktuelle Preisliste haben *(the latest pricelist)*. Wie formulieren Sie die Anrede und den Gruß und wo kommt der Betreff hin? Beginnen Sie Ihr Anschreiben mit *We are interested in …*

A5 *A crossword puzzle*

Tragen Sie die entsprechenden englischen Begriffe in das Kreuzworträtsel ein, dann erfahren Sie, wie man die papierne Post auf Englisch überall nennt.

1. Betreff (AE)
2. zu Händen von
3. Anrede für eine Dame, deren Namen Sie nicht kennen
4. Anrede für einen Herrn, dessen Namen Sie nicht kennen
5. Gruß für eine Person, die Sie mit dem Nachnamen ansprechen
6. neutrale Anrede für Frauen
7. Kopie
8. informeller Gruß, wenn Sie sich mit dem Vornamen anreden
9. Anlage

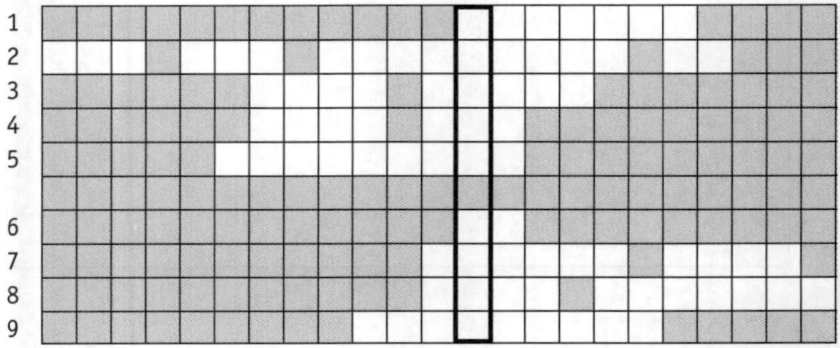

Lösungswort: ______________________________

B. Alles rund um die E-Mail auf Englisch

26 Absenderadresse und Signatur
28 Empfängeradresse und Datum
28 CC und BCC
29 Betreff
30 *Attachment*
31 Anrede
32 Inhalt der Nachricht
34 Termine und Daten
36 Abkürzungen in E-Mails
37 *Emoticons*
38 Der abschließende Satz
38 Grußformel
39 Abwesenheitsnotiz
40 Rundmail
42 Fallstricke der Kommunikation per E-Mail

Alles rund um die E-Mail auf Englisch

Die Vorteile der E-Mail gegenüber dem Brief liegen auf der Hand. Die E-Mail ist schneller beim Empfänger und der Versand ist preisgünstiger. Obwohl es so schnell geht, ist der Empfänger im Gegensatz zum Telefonat nicht gezwungen, seine momentane Tätigkeit zu unterbrechen und kann Ihre Nachricht wann, und sooft er will, nachlesen. Dieser Vorteil kommt besonders dann zum Tragen, wenn Sie viel mit Empfängern in anderen Zeitzonen kommunizieren.

Für jedes Medium gelten eigene Konventionen. Auch wenn viele der Punkte aus Kapitel A sowohl für die herkömmliche als auch für die elektronische Post gelten, so gibt es dennoch einige Abweichungen und Besonderheiten zu beachten. Vergleichen Sie zunächst den Aufbau eines Briefes mit dem einer E-Mail.

Beispiel: Kopf einer E-Mail

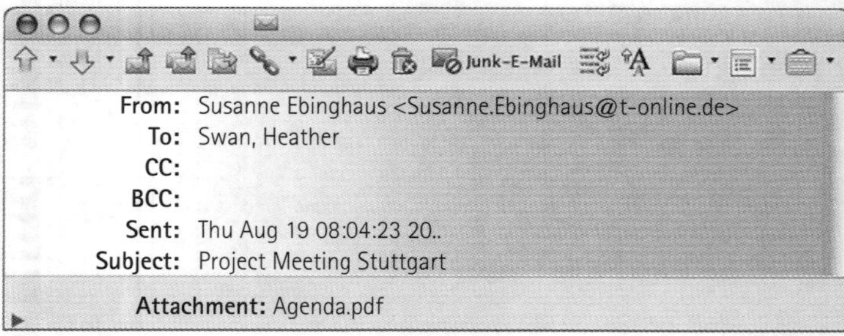

Absenderadresse und Signatur

Ihre elektronische Absenderadresse erscheint automatisch im Feld **Von/From.** Denken Sie immer daran, dass Absenderadresse und Betreff das erste sind, das der Empfänger von Ihrem elektronischen Anschreiben zu sehen bekommt.

Wenn Sie wollen, dass auch Empfänger, denen Sie bisher nicht bekannt sind (z. B. Unternehmen, bei denen Sie sich bewerben wollen), Ihre E-Mails lesen, sollten Sie eine seriöse Absenderadresse haben, die sich aus Ihren/m Vor- und Nachnamen zusammensetzt. Die Wahl eines Freemail-Anbieters ist heutzutage an sich kein Stolperstein mehr, Sie sollten jedoch bedenken, dass eine Adresse wie Susie815@hotmail.com vielleicht nicht durch den Spamfilter Ihres Empfängers kommen wird.

Auch in englischsprachigen Ländern setzen sich elektronische Adressen von Angestellten eines Unternehmens meist aus dem Vor- und Nachnamen sowie dem Namen des Unternehmens zusammen (kathy.brown@suset.com), manchmal sogar nur aus dem Vornamen und dem Unternehmen (susan@happyholidays.co.uk). Im Vereinigten Königreich und den Commonwealth-Ländern enden Firmenadressen häufig statt mit *.com* (Abkürzung von *commercial*) mit *.co.uk, .co.nz* usw., wobei *co* die Abkürzung von *company* ist. Der Punkt heißt bei E-Mail-Adressen übrigens *dot*, nicht *full stop* oder *point*.

Eine seriöse E-Mail sollte über den vollen Namen hinaus noch ein paar mehr Details über den Absender verraten. Daher gibt es die Signatur am Ende der E-Mail.

Beispiel: Signatur einer geschäftlichen E-Mail

James Elliot	Vorname + Name
Project Administrator	Position
Sesit Management Consulting Ltd.	Firma
Darlington Business Centre	Gebäudename
15 Moonlight Drive	Hausnummer und Straße
Canterbury	Stadt
Kent CT1 2EE	County + PLZ
Tel: +44 (0)1227 12345	
Fax: +44 (0)1227 12346	
james@sesit.co.uk	
www.sesit.co.uk	

Auch für private Nutzer ist das Einrichten einer E-Mail-Signatur sehr zu empfehlen. Die meisten E-Mail-Programme bieten die Möglichkeit, mehrere Signaturen einzurichten, so dass Sie beim Absenden zwischen einer privateren und einer formellen wählen können.

Empfängeradresse und Datum

Die Postadresse des Empfängers muss auch bei einer geschäftlichen E-Mail nicht angegeben werden. Es genügt die elektronische Adresse im Feld **An/To**.

Genauso können Sie auf das Datum verzichten, da es im Feld **Gesendet/Sent** automatisch vom E-Mail-Programm, mit genauer Angabe der Uhrzeit, angezeigt wird.

CC und BCC

Alle in das Feld **CC** eingegebenen Empfänger erhalten eine Kopie der Nachricht zur Kenntnisnahme. Wollen Sie diese Personen direkt ansprechen, sollten Sie sie ins Feld **An/To** kopieren und sie auch in der Anrede berücksichtigen.

Man sollte sich darüber im Klaren sein, dass bei der Verwendung des CC-Feldes alle Empfänger einer E-Mail automatisch alle anderen E-Mail-Adressen erhalten. Oft erhalten völlig Unbekannte auf diese Weise E-Mail-Adressen, die sie eigentlich gar nicht bekommen sollten. Häufig wird auch nicht bedacht, dass alle Empfänger aus dem CC-Feld mit erscheinen, falls die E-Mail ausgedruckt wird. Das kann ungünstig sein, wenn die Liste der Empfänger sehr lang ist.

Wenn Sie all dies vermeiden wollen, verwenden Sie das BCC-Feld. B steht für *blind* und es bedeutet, dass die eingetragenen Adressen von anderen nicht zu lesen sind.

Betreff

Wie bei Briefen im AE folgt nun der **Betreff/Subject**. Schreiben Sie immer eine Betreffzeile. Wer täglich eine größere Anzahl an E-Mails erhält, ist dankbar, wenn er sofort weiß, worum es geht. Was Sie in dieses Feld schreiben, ist besonders wichtig, denn es kann den Ausschlag dafür geben, ob Ihre Nachricht sofort, später oder gar nicht gelesen wird. E-Mails von unbekannten Absendern mit unspezifischem Betreff werden von den meisten Empfängern ungelesen gelöscht.
Die Betreffzeile sollte aussagekräftig und konkret sein. Einfach nur *meeting* ist nicht angebracht, wenn Sie einer Person schreiben, die in der Woche mehrere Treffen im Kalender hat. Besser also:
Project meeting Munich Mar 15 – 17

Ein Unternehmen, das täglich mehrere Aufträge erteilt, sollte nicht einfach nur mit *Your order* angeschrieben werden. Besser:
Your order # 123 – red socks

Sie können nicht davon ausgehen, dass eine E-Mail sofort beantwortet wird. Das Ausrufezeichen, das der Empfänger zu sehen bekommt, wenn Sie unter „Wichtigkeit"/*priority* „hoch"/*high* angegeben haben, wird kaum noch ernst genommen, da manche E-Mail-Nutzer diese Einstellung bei allen Mails verwenden. Bedürfen Sie einer dringenden Antwort, setzen Sie lieber *response needed:* oder *time-sensitive:* vor den Betreff (aber bitte nur, wenn das wirklich so ist). Genauso können Sie auch darauf hinweisen, wenn keine Antwort notwendig ist und der anderen Seite auf diese Weise Zeit sparen:
Brochure received with thanks – no response necessary.

Vermeiden Sie es, *important* vor den Betreff zu schreiben. Was für Sie von Bedeutung ist, muss dem Empfänger nicht gleichermaßen wichtig sein.

Bei einer Antwort auf Ihre Nachricht steht im Subject-Feld **Re:** für *reply* (Antwort).

Wenn zwischen Ihnen und Ihrem E-Mail-Partner ein paar mal Nachrichten nur durch Anklicken des Antworten-Buttons hin- und hergegangen sind, kann das nicht nur unschön aussehen *(Re: Re: Re: Re: Re: Project meeting Munich Mar 15 – 17)*, man muss später unter Umständen die ganze Korrespondenz durchlesen, um einen bestimmten Punkt zu finden. Löschen Sie daher die überflüssigen Passagen bei Ihrer Antwort und modifizieren Sie den Betreff so, dass der Empfänger sofort weiß, worum es geht, z. B.:
Project meeting Munich Mar 15 – 17: Accomodation oder
Project meeting Munich Mar 15 – 17: Guests invited
Wo etwas gelöscht wurde, können Sie dies mit *<snip>* oder *<cut>* kenntlich machen.

Wenn Sie alle notwendigen Informationen in die Betreffzeile packen können (*Don't forget our lunch date at 12:30 / Don't forget Sue's birthday on Mon* oder *Could you please send me the xyz file?*), dürfen Sie das bei vielbeschäftigten Empfängern, die Sie kennen, gern tun. Damit der Empfänger die E-Mail nicht unnötigerweise öffnet, empfiehlt es sich, die Betreffzeile mit *EOM* bzw. ***e**nd **of** **m**essage* zu beenden.

Attachment

Die Anlagen in einer E-Mail heißen *attachments*. Ihre Anlage wird an die eigentliche Nachricht angeheftet *(to attach)*. Da die Anlagen beim papiernen Brief mit dem Anschreiben vom Umschlag umschlossen sind *(enclosed)*, spricht man dort von *enclosure(s)*.

Tipp: Weisen Sie auf jeden Fall im E-Mail-Text auf Anlagen hin.
Mögliche Wendungen:
I'm attaching ...
Please find attached ... (formeller)
I'm sending you ... as an attachment.

Anrede

Was Sie in Kapitel A über die Anrede in Briefen gelesen haben, gilt weitgehend auch für E-Mails. Dort haben Sie unter anderem die Anrede kennen gelernt, die sich nur aus dem Vor- und Nachnamen der Person zusammensetzt. Diese Art der Anrede *(Dear Ann Smith)* eignet sich besonders, wenn Sie bei einer E-Mail nicht zu steif daher kommen möchten. Je nach Kontext und Branche kann *Mr* oder *Ms* in einer E-Mail altmodisch klingen. Die Frage der Anrede stellt sich ohnehin nur bei der ersten Kontaktaufnahme. Dann können Sie meist schnell erkennen, welchen Schreib- und Anredestil Ihr Gegenüber hat. Wer nur mit *John* unterschreibt, hat auch nichts dagegen, mit *John* angesprochen zu werden, selbst wenn er einen Doktor- oder anderen Titel hat.
Wie Sie im folgenden Beispiel sehen, ist es für Muttersprachler nicht unüblich, gleich beim ersten Kontakt nur den Vornamen zu verwenden, dies aber nur, wenn sie wissen, dass sie sozusagen gleichrangig mit dem Empfänger sind.

Beispiel: Anrede und Grußformel in einer geschäftlichen E-Mail

Dear Chris,

I have been recommended your services by Catherine Granger for a translation job we have ...

I look forward to hearing from you.

With best regards,
John

Darüber hinaus gibt es bei E-Mails noch einige Anredeformen, die in einem herkömmlichen Brief nicht verwendet würden:

Hi Susan	informell
Mary	Informelle Anrede ohne Gruß. Sie wird besonders dann verwendet, wenn schon einige E-Mails hin- und hergegangen sind und es um den schnellen Austausch von Informationen geht.
Dear all / Hi all / Hi everyone	Bei Rundmails an Personen, die Sie auch sonst mit dem Vornamen anschreiben. Die Anrede eignet sich gleichermaßen für E-Mails an Freunde und Verwandte, die Sie auf einen Schlag über Ihr Leben auf dem Laufenden halten möchten, wie auch für E-Mails an mehrere Geschäftskontakte auf Vornamenbasis, die Sie gleichzeitig über etwas informieren möchten.

Unüblich ist die wörtliche Übersetzung der in deutschen E-Mails gelegentlich verwendeten Anrede „*Guten Morgen* Herr/Frau Meier".

Inhalt der Nachricht

Netiquette
Bei „Netiquette" handelt es sich um eine Zusammensetzung aus den englischen Wörtern *net* (Internet) und *etiquette* (Etikette, Verhaltensregeln). In den folgenden Abschnitten erhalten Sie Hinweise, wie E-Mail-Korrespondenz für niemanden zum Ärgernis wird.

Ähnlich wie bei einem Telefonat sollte eine geschäftliche E-Mail an eine Person, die Sie bereits kennen bzw. mit der Sie bereits E-Mail-Kontakt hatten, mit einem einleitenden freundlichen Satz beginnen. Schreiben Sie an Kollegen im eigenen Unternehmen, und das vielleicht mehrmals am Tag, können

Sie auf Höflichkeitsfloskeln verzichten. Von anderen Empfängern wird es eher als unhöflich empfunden, gleich mit der Tür ins Haus zu fallen. Um nicht immer nur nach dem Befinden zu fragen, ist es gut, wenn Sie sich andere Details gemerkt haben, an die Sie anknüpfen können. Haben Sie vom anderen Post erhalten, bedanken Sie sich zunächst:

Thanks/Thank you for your email … oder

Thank you for your interest in …

Übung

B1 Welche Satzteile passen zusammen?

1. How
2. I hope

a. are things?
b. you had a sunny holiday.
c. you have recovered …
d. you're doing fine.
e. you had a great weekend.
f. is life?
g. you are well.
h. is life in Dublin these days?
i. have you been keeping lately? (eher privat)
j. the trade fair was a success.
k. this finds you in good spirits.
l. are you?

Grundsätzliches:

- Fragen Sie sich immer, warum Sie eine E-Mail schreiben und was Sie vom Empfänger erwarten. Sie werden feststellen, dass Sie manchmal ganz anders schreiben, wenn Sie versuchen, sich in die Rolle des Empfängers hineinzuversetzen.

- Fragen Sie sich, ob der Empfänger besser mit reinem Textformat oder mit HTML umgehen kann.
- Bei privaten E-Mails spielt die Textlänge meist keine Rolle. Bei geschäftlichen E-Mails ist es gut, wenn Sie das Schreiben so kurz verfassen, dass es auf den Bildschirm passt. Auf diese Weise kann der Empfänger die Nachricht schnell überfliegen und den Inhalt erfassen, ohne nach unten zu klicken oder zu scrollen.
- Es klingt banal, ist aber wirklich wichtig: Überprüfen Sie vor dem Absenden immer, ob Sie den richtigen Empfänger eingegeben haben. Wie leicht verrutscht man in der Adressverwaltung um eine Zeile und schickt die Nachricht dann an jemanden mit dem gleichen Vor- oder Nachnamen. Ein kleiner Fehler, der mit einem Sekundenklick durchgeführt wird und nicht mehr rückgängig zu machen ist.
- Vermeiden Sie Sonderzeichen und Umlaute, damit der Empfänger nicht möglicherweise nur unverständliche Zeichen erhält.
- Übertreiben Sie es nicht mit Großbuchstaben oder Ausrufezeichen, da dies lautem Anschreien in der gesprochenen Sprache gleichkommt.
- Sind Sie nicht sicher, ob eine Unterstreichung als solche beim Empfänger ankommt, dann setzen Sie einen Unterstrich vor und nach dem entsprechenden Wort, z. B. *your delivery of _ trousers_.*
  Wenn Sie etwas betonen möchten, können Sie es zwischen Sternchen setzen: *This actually *is* what I meant.*

Termine und Daten

Auf die Angabe des Datums können Sie bei E-Mails zwar verzichten, da dies Ihr E-Mail-Programm übernimmt, dennoch werden Sie im Text selbst häufig Termine zu vereinbaren haben. Dann ist es praktisch, wenn Sie die passende Abkürzung für den Monat parat haben.

Beachten Sie bitte, dass **Monate und Tage auch im Englischen groß geschrieben werden.**

Übungen

B2 Tragen Sie die Abkürzungen der Monatsnamen ein.

1. January ___Jan___
2. February ______
3. March ______
4. April ______
5. May ______
6. June ______
7. July ______
8. August ______
9. September ______
10. October ______
11. November ______
12. December ______

B3 Tragen Sie die Abkürzungen der Wochentage ein.

1. Monday ______
2. Tuesday ______
3. Wednesday ______
4. Thursday ______
5. Friday ______
6. Saturday ______
7. Sunday ______

Abkürzungen in E-Mails

Viele E-Mail-Schreibende lieben Abkürzungen wie BTW, AFAIK und IMHO, wie sie im unten stehendem Beispiel vorkommen. Verwenden Sie solche Abkürzungen aber nur, wenn Sie davon ausgehen können, dass der Empfänger sie wirklich versteht, und wenn es zum Stil der E-Mail passt.

Beispiel: E-Mail-Text mit Abkürzungen

> Hi Jean and Edna
>
> Just a short note to let you know that the glossaries are all linked at allfiles/... on our intranet now. If you want to add a term, simply click on Add Term.
>
> TIA for your contributions.
> BTW, I found some time to update the FAQ today.
>
> Have an nice w/e.
> Deirdre

Übung

B4 E-Mail-Abkürzungen

Ordnen Sie die Abkürzungen der entsprechenden Bedeutung zu.

1. AFAIK
2. BTW
3. IMO/IMHO
4. TIA
5. FAQ
6. EOB
7. w/e

a. in my (humble) opinion
b. thanks in advance
c. as far as I know
d. frequently asked questions
e. weekend
f. by the way
g. end of business

1	2	3	4	5	6	7

Emoticons

Da der Schreibstil gerade bei privaten E-Mails der gesprochenen Sprache sehr nahe kommt, Gesten, Mimik und Stimme aber nicht zur Verfügung stehen, um zu zeigen, ob ein Satz ironisch oder lustig gemeint ist, werden häufig die sogenannten *emoticons* (eine Kombination aus *emotion* und *icon*) verwendet. Auf diese Weise können Missverständnisse verhindert oder zumindest eingeschränkt werden. Ein richtig verstandenes Emoticon kann einem Satz einen ganz anderen Beiklang geben. Manchmal werden Emoticons auch einfach verwendet, um Wörter zu sparen.

Grundsätzlich ist jedoch davon abzuraten, bei unbekannten Personen Emoticons einzusetzen. Bei geschäftlichen E-Mails sollten sie äußerst sparsam oder gar nicht verwendet werden.

Kennen und verstehen Sie alle Emoticons? Mit der folgenden Übung können Sie es schnell überprüfen.

Übung

B5 Ordnen Sie die Emoticons der beabsichtigten Aussage zu.

1. :-) :) : >
2. :- (
3. : D :))
4. : o
5. ;-)
6. :'-(

a. I'm saying this with a large grin
b. I'm shocked / I'm surprised
c. I'm frowning / I'm sad / this is sad
d. I'm smiling / I'm happy / this is good
e. it's enough to make you weep
f. I'm saying this with a wink / take it easy / don't take this seriously

1	2	3	4	5	6

Der abschließende Satz

Auch eine E-Mail sollte mit einem abschließenden Satz im Stil des ersten Satzes beendet werden:
Hope to see you soon in the Canterbury office oder
All the best for the trade fair. Have a nice weekend.

Bei Unbekannten schließt die E-Mail eher mit Sätzen wie:
Should you need any further information, we will be happy to assist you.

In der Weihnachtszeit eignen sich folgende abschließenden Sätze:
Merry Christmas and a Happy New Year with thanks for your faithful cooperation.
We wish all of you a merry Christmas and continued success in 2011.
All the best to you and your family for Christmas and the New Year.
Please pass on my best wishes for the holiday season and the New Year to your family.
I hope you have a happy Christmas and a good start to the New Year.
Wishing you a happy Christmas and a successful and prosperous New Year!

Grußformel

Grundsätzlich können Sie für E-Mails dieselben Grußformeln verwenden wie für Briefe (siehe Kapitel A). *Yours faithfully* (BE) und *Truly yours* (AE) bei Personen, deren Namen man nicht kennt, sind zwar nicht falsch, wirken aber bei einer E-Mail recht antiquiert und werden meist durch *Sincerely yours* (BE) oder *Sincerely* (AE) ersetzt. *Kind regards* oder *Best regards* findet man in E-Mails sowohl auf Vor- als auch auf Nachnamenbasis, manchmal auch in der Kurzform *Regards* oder *Rgds*.

Bei E-Mails auf Vornamenbasis, besonders unter Kollegen oder Freunden, wird darüber hinaus auch gern *Cheers, Have a nice day* oder *See you (soon)* verwendet. Oder es wird ganz auf den Gruß verzichtet und die Nachricht nur mit dem eigenen Vornamen beendet.

Abwesenheitsnotiz

Wenn Sie wegen einer längeren Abwesenheit Ihre E-Mails nicht bearbeiten können, können Sie eine automatische Weiterleitung an Kollegen einrichten. Erhalten Sie normalerweise auch vertrauliche E-Mails unter diesem E-Mail-Konto, ist eine Abwesenheitsnotiz vorzuziehen.

Beispiele: Abwesenheitsnotiz – *Out of office reply*

> Thank you for your email.
>
> I will be out of the office on business from Thursday, 12th February 20.. and will return on Tuesday, 16th February 20...
>
> In my absence, please contact Nicolas Wright on ++44 353... or at nicolas.wright@suset.com
>
> If you need to contact me urgently, please call me on my mobile ++44 353 ....
>
> Otherwise I will respond to your query upon my return.
>
> Thank you.

> I am out of the office until Thursday 3rd July. I will reply to your email on my return. For anything urgent please contact the ABC office on 00 44......
>
> With kind regards
>
> Elaine Cohen

Nicht nennen sollten Sie jedoch die genaueren Umstände Ihrer Abwesenheit. Denn jeder, der Ihnen während der Zeit Ihrer Abwesenheit schreibt, wird diese Nachricht erhalten.

Übung

B6 Abwesenheitsnotiz

Formulieren Sie eine Abwesenheitsnotiz auf Englisch für Ihren eigenen Arbeitsbereich.

Rundmail

Wollen Sie die Kollegen im Unternehmen wissen lassen, wo Sie Ihren Urlaub verbringen, oder wollen Sie Geschäftspartnern Bescheid geben, dass Sie eine gewisse Zeit nicht erreichbar sein werden, informieren Sie sie am besten über eine Rundmail.

Beispiel: Rundmail an Kollegen

> Dear Colleagues
>
> This is to let you know that I will be spending my Easter holidays in sunny Andalusia. As I will be offline between March 31st and April 14th, please ring the following number in case of emergency: …
>
> Happy Easter to everyone!
>
> With best wishes
> Nigel

Beispiel: Rundmail an Geschäftspartner

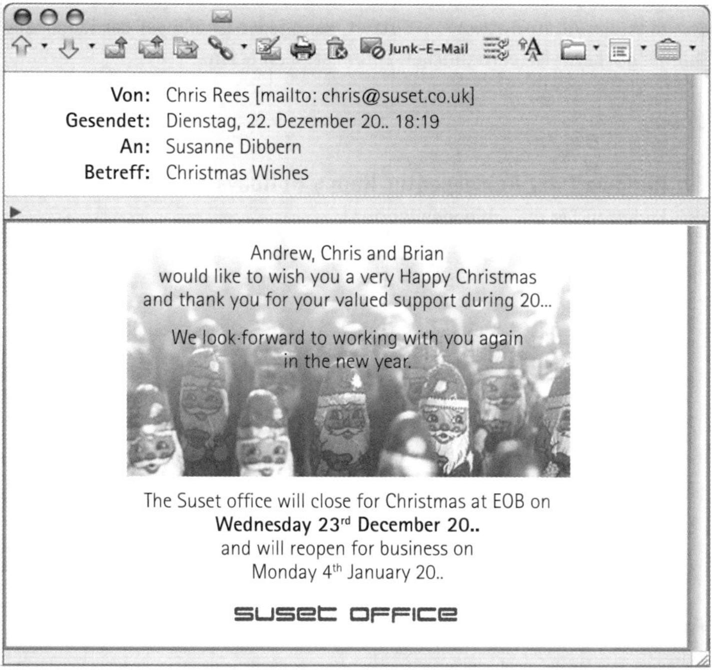

Von: Chris Rees [mailto: chris@suset.co.uk]
Gesendet: Dienstag, 22. Dezember 20.. 18:19
An: Susanne Dibbern
Betreff: Christmas Wishes

Andrew, Chris and Brian
would like to wish you a very Happy Christmas
and thank you for your valued support during 20...

We look forward to working with you again
in the new year.

The Suset office will close for Christmas at EOB on
Wednesday 23rd December 20..
and will reopen for business on
Monday 4th January 20..

SUSET OFFICE

Zwei Dinge sollten Sie bei Rundmails unbedingt beachten:

Versenden Sie eine Rundmail an mehrere Empfänger, die sich nicht kennen, wie z. B. eine Einladung zu einer Vernissage oder den Hinweis auf Ihren Messestand an alle Ihre Kunden, so ist es besser, deren Adressen nicht unter An/To oder CC, sondern unter BCC einzutragen (siehe auch Hinweise unter Punkt CC und BCC). Bedenken Sie auch, dass gerade Versender von Spammails sich über Rundmails mit besonders vielen Adressen freuen.

Wenn Sie dem Absender einer Rundmail antworten möchten, sollten Sie darauf achten, wirklich nur den **Antworten-Button** anzuklicken. Drücken Sie aus Versehen den **Allen-Antworten-Button**, kann jeder Empfänger der Rundmail Ihre möglicherweise vertraulichen Informationen lesen.

Übung

B7 Rundmail der Reiseagentur Happy Holidays an ihre Kunden
Ergänzen Sie die fehlenden Wörter.

Happy • like • season's • all

Happy Holidays
sends
(1.)__________ greetings to our clients.

We would (2.)________ to wish you (3.) ________

a Prosperous and (4.) ________ New Year.

Fallstricke der Kommunikation per E-Mail

Nicht jede E-Mail braucht mit dem gesamten Wortlaut weitergeleitet zu werden, oft genügt eine kurze Zusammenfassung.

Was ist, wenn Sie eine E-Mail auf Englisch erhalten, von der Sie sich beleidigt oder ungerecht behandelt fühlen? Lassen Sie etwas Zeit verstreichen, bevor Sie antworten – eine in der ersten Empörung getippte E-Mail ist mit einem Klick abgeschickt und kann eine Menge schwer wieder gut zu machenden Schaden anrichten. Zitieren Sie die fraglichen Passagen und fragen Sie nach: *I'm not sure how to interpret this. Perhaps you could elaborate on your concerns.*

Übung

B8 *A crossword puzzle*

Tragen Sie die entsprechenden englischen Begriffe in das Kreuzworträtsel ein. Der Lösungsbegriff bedeutet „unerwünschte E-Mail-Werbung", hergeleitet vom Namen für ein nicht besonders wohlschmeckenden Dosenfleisch, das in England im 2. Weltkrieg zu den wenigen verfügbaren Nahrungsmitteln gehörte.

Vertikal:

1. Anfrage
2. weiterleiten
4. Abkürzung für „Ende der Nachricht"
7. Anlagen
8. Handy
9. Was schreiben Sie in den Betreff, wenn eine zeitnahe Bearbeitung wichtig ist?
10. typische Grußformel bei E-Mails
11. informelle E-Mail Anrede für Kontakte auf Vornamenbasis
12. Abwesenheitsnotiz – *out of …*

Horizontal:

3. zitieren
5. Betreffzeile
6. Lesebestätigung

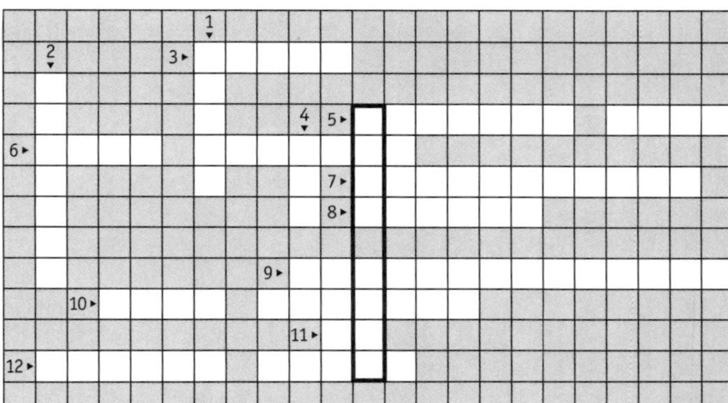

Lösungswort: ______________________

C. SMS – Kurzmitteilungen

46 *Texting language*
50 Fallstricke der Kommunikation per SMS

SMS – Kurzmitteilungen

Eine einzelne SMS (eigentlich das Akronym von **S**hort **M**essage **S**ervice) wird auf Englisch *text message* genannt, umgangssprachlich auch nur *text*. Das Verb dazu lautet ebenfalls *to text*. Wenn Sie jemanden bitten, Ihnen eine SMS zu schicken, sagen Sie auf Englisch *Please text me (when you have landed / when the appointment has been confirmed / ...)*. Die Sprache, die in solchen Kurzmitteilungen verwendet wird, nennt sich *texting language*. Die Nutzung von SMS heißt auf Englisch *text messaging*.

Das Versenden von kurzen Nachrichten per Mobiltelefon[1] ist aus dem Alltag vieler Menschen nicht mehr wegzudenken. Der Vorteil des Mediums liegt im schnellen und kostengünstigen Austausch von Informationen. Im Geschäftsleben lassen sich z. B. Terminplanänderungen schnell und unkompliziert per SMS übermitteln. Auch privat haben Kurznachrichten ihren Nutzen, z. B. für Verabredungen, für kurze Mitteilungen, wenn der Empfänger telefonisch nicht erreichbar ist, selbst für Geburtstagsglückwünsche, wenn der Empfänger z. B. gerade verreist ist. Häufig ist es also nicht nur der Anlass, der den Ausschlag dafür gibt, ob wir uns für einen Brief, eine Kunstpostkarte, eine E-Mail oder eine SMS entscheiden, sondern vor allem auch die Umstände, die die Wahl des Kommunikationsmediums ausmachen.

Wie entziffert man eine englische SMS? Und wie verfasst man selbst kurz und knapp eine Nachricht auf Englisch? In diesem Kapitel erhalten Sie eine kurze Einführung in die *texting language*, deren Ziel es ist, so viel wie möglich in so wenig Wörtern wie möglich auszusagen.

Texting language

Häufig werden Buchstaben, Zahlen oder Kombinationen aus beiden verwendet, um Silben oder ganze Wörter zu ersetzen.

[1] BE: mobile phone, AE: cell phone

Übungen

C1 Buchstabenkürzel

Schreiben Sie auf, welches Wort der einzelne Buchstabe darstellen soll. Denken Sie daran, wie die jeweiligen Buchstaben auf Englisch ausgesprochen werden.

b	c	r	u	y
				why

Diese Buchstabenkürzel können auch miteinander kombiniert werden.

C2 Zahlenkürzel

Tragen Sie das Wort ein, für das die Zahl in einer *text message* verwendet werden kann. Manchmal gibt es mehrere Wörter, die so klingen wie die Zahl.

1	2	4	8
one/won			

C3 Kombinationen aus Buchstaben und Zahlen

Schreiben Sie die Wörter, die entstehen, wenn Sie diese „Zahlen-Silben" mit Buchstaben kombinieren.

1ce	2mro	2b	2day
			today

2L8	B4	4U	4evr

Die Zahl 8 *(eight)* eignet sich für besonders viele Kombinationen.

C4 *Gr8!*

Versuchen Sie, diese Wörter zu entschlüsseln. Denken Sie dabei an den Klang der Zahl, nicht an die Schreibweise.

d8	gr8	m8

w8	L8r	db8
wait		

Eine weitere Möglichkeit, Zeichen einzusparen, ist das Weglassen von Vokalen. Viele Abkürzungen erschließen sich dem Leser sogar auch dann, wenn zusätzlich ein Konsonant wegfällt. Manchmal wird auch ein Buchstabe aus dem Alphabet verwendet, der im Wort nicht vorkommt, dessen Klang aber andere Buchstaben ersetzen kann (z. B. *x* für *ks*).

C5 Abkürzungen

Tragen Sie das Wort, für das die Abkürzung steht, in das entsprechende Feld ein. Achtung: Im letzten Beispiel handelt es sich um eine Kombination aus Zahl und Weglassung des Vokals.

txt	fwd	wld/wd	pls

attn	cld/cd	msg	ppl
			people

ryt	thx	mtg	cr8

C6 Eine Kurznachricht verfassen

Schreiben Sie folgende Sätze als Kurznachricht, indem Sie möglichst viele Kürzel verwenden.

1. How are you? How ______________________
2. Are you at home? ______________________
3. See you tomorrow. ______________________
4. Meeting with the management at 10 a.m. ______________________

Wie früher beim Telegramm kann man auch beim *texting* ganze Wörter weglassen, ohne dass dies den Sinn ändern würde. *I have received the parcel* könnte einfach mit *rceivd parcel* gesagt werden. Den Rest zu erschließen, bleibt dem Leser überlassen. Bei *I have been trying to ring Jean all morning* kann man *I have been* weglassen.

C7 Eine *text message* verstehen

Schreiben Sie die Nachrichten in der Langform auf. Hierbei helfen Ihnen die Abkürzungen für Wochentage aus Kapitel B, Seite 35.

1. ILBL8

   ____

2. Lnch resched to wed @ 1pm

   ____

3. Pls reserve table for 3 @ 7pm

   ____

4. Train dlayd. Cld U pls pick me up @ 15.30

   ____

5. Mtg with Nigel cancld. Nx mtg scheduled 4 2mro @ 10am

   ____

6. Cld u pls txt me Paul's addr?

   ___

7. Thx 4 ur help 2day. Ur gr8!

   ___

Einige weitere gängige Abkürzungen finden Sie im Anhang auf Seite 164.

Fallstricke der Kommunikation per SMS

In diesem Kapitel haben Sie gelernt, englische SMS-Abkürzungen nicht nur zu verstehen, sondern auch selbst bei Ihren Kurznachrichten einzusetzen. Dabei sollten Sie sich aber immer fragen, ob auch der Empfänger Ihrer Nachrichten die Abkürzungen richtig interpretieren wird.

> Kommunikation funktioniert nur dann gut, wenn Sie sich am Empfänger orientiert.

Was Sie vor dem Absenden Ihrer SMS tun sollten:

- Lesen Sie noch einmal die gesamte Nachricht mit den Augen des Empfängers durch und prüfen Sie, ob die Zusammenhänge stimmen und alles verständlich ist.
- Überprüfen Sie noch einmal, ob Sie den richtigen Empfänger ausgewählt haben. Nichts ist peinlicher als eine Nachricht an die falsche Person.

D. Post von Privat an Privat

52 Der private Brief
52 Grußkarten
56 Glückwünsche
59 Dankesschreiben und -karten
63 Einladungen
68 Verabredung
69 Mitteilung über neue Postadresse
69 Postkarten aus dem Urlaub
70 Kondolenzschreiben
71 Glück für bevorstehende Herausforderung (Wettkampf, Prüfung, etc.) wünschen
71 Empfehlungsschreiben
72 Haustausch während der Sommerferien

D. Post von Privat an Privat

Der private Brief

Angesichts günstiger Telefontarife ins In- und Ausland, noch preiswerterer Internettelefonie über Skype und der Möglichkeit, private Zeilen schnell und einfach per E-Mail zu verschicken, wird der traditionelle Brief immer seltener.

Dennoch gibt es genügend Anlässe, zu denen ein persönlicher, meist handschriftlich geschriebener Brief oder eine Karte am angemessensten ist, sei es ein Valentinsgruß, eine Hochzeitseinladung oder ein Kondolenzschreiben. In diesem Kapitel finden Sie zahlreiche Tipps für das Verfassen privater Korrespondenz auf Englisch und Textmuster zu vielen Gelegenheiten.

Hinweis: Anders als bei Geschäftsbriefen wird bei Privatbriefen in englischsprachigen Ländern im Allgemeinen die erste Zeile eines jeden Absatzes eingerückt.

Grußkarten

Im englischsprachigen Raum hat das Versenden oder gar Mitbringen von Karten zu verschiedensten Gelegenheiten eine lange Tradition. Am wichtigsten ist vielleicht die Weihnachtskarte, die vom Empfänger liebevoll auf dem Kaminsims aufgestellt wird. Valentinskarten werden je nach Region an den Schwarm oder an alle, die man mag, versandt. *Get-Well*-Karten enthalten Genesungswünsche, mit Dankeskarten bedankt man sich für die Gastfreundschaft oder eine Einladung zum Dinner. In den USA gibt es *Thanksgiving*-Karten und *4th-of-July*-Karten und überall, wo es Iren gibt, *St. Patrick's-Day*-Karten. Inzwischen werden auch Halloweenkarten angeboten.

Meist wird auf solchen Karten nicht mehr als ein handschriftlicher Satz hinzugefügt. Häufig folgen auf die Unterschrift mit dem eigenen Vornamen noch ein paar *xxx* als Platzhalter für Küsschen.

Mittlerweile sind viele dieser Produkte weit verbreitet, und wer eine Karte für einen bestimmten Anlass benötigt, hat auch in Deutschland die Qual der Wahl. Im folgenden finden Sie zu jedem Anlass ein paar kurze Sätze, die Sie als Zusatz zu Ihrer englischen oder deutschen Grußkarte verwenden können.

Valentinstag

Big Hug
Big hug for you
Be my valentine
Happy Valentine's Day

Geburtstag

Ein typisch britischer Wunsch, der bei Englischlernenden oft Verwirrung stiftet, ist:
Many happy returns (of the day) oder auch
Happy Birthday, and many happy returns of the day.
Der Glückwünschende will damit sagen, dass er dem Geburtstagskind noch viele weitere glückliche Geburtstage wünscht.

Have a wonderful birthday and may all your wishes come true.
Happy Birthday! May you live to be a hundred.

Wenn Sie witzige Sprüche mögen:
You know you are getting old when the candles cost more than the cake.
Happy Birthday!
Happy Birthday! May all your wrinkles come from happy smiles.

Weihnachts- und Neujahrsgrüße

Das am häufigsten verwendete Adjektiv bei englischen Weihnachtsgrüßen ist *merry*, also „fröhlich, vergnügt". Und so ist Weihnachten auch eine Gelegenheit, Freunde, Kollegen, Nachbarn und Bekannte zur *Christmas Party* einzuladen. In den USA werden diese Partys schon im September geplant, und wer seine Einladungen nicht rechtzeitig verschickt, läuft Gefahr, nur noch Absagen zu erhalten.

Hier einige Vorschläge für Ihre Weihnachtspost auf Englisch:

Happy/Merry Christmas/Xmas!
Merry Christmas and a Happy New Year!
Hope you have a very Merry Christmas and a Happy New Year.
May the love, hope and peace which is Christmas be with you now and throughout the New Year.
Wishing you all the blessing of a Joyous Christmas and a peaceful New Year.
Wishing you all a merry Christmas and good health in the coming year.
A Merry Christmas to you all and the best wishes for health, happiness and prosperity in the New Year.
Best wishes for Christmas and the New Year.

Bedenken Sie bitte, dass Sie es in den meisten englischsprachigen Ländern mit Menschen verschiedenster Religionen zu tun haben. Wenn Sie nicht wissen, ob die Empfänger Ihrer guten Wünsche Weihnachten feiern, empfehlen sich neutrale Grüße wie z. B.

Season's Greetings
Happy Holidays
With Season's Greetings and very best wishes from ...
Thinking of you and wishing you a very Happy Holiday!
Wishing you a Happy Holiday Season and a Prosperous New Year ...
Have a lovely holiday and the happiest of new years!

Übung

D1 A Christmas card

Ergänzen Sie die Weihnachtskarte mithilfe der obenstehenden Wünsche.

SEASON'S GREETINGS

Dear Sally, Stephen, Laura and Paul,

A (1.) ______________ Christmas to you (2.) ______________ and (3.) ______________ wishes (4.) ______________ health, (5.) ______________ and (6.) ______________ in the (7.) ______________ Year.

(8.) ______________,

Barbara

Ostergrüße

Dear Sally, dear Paul,

We wish you and your children a happy Easter and lots of fun with the egg hunt.[1]

With best wishes,

Carla

[1] Bei Osterwünschen an Familien sollten Sie bedenken, dass es nicht in allen Regionen Brauch ist, im heimischen Garten nach Ostereiern zu suchen. Vielerorts wird eine Ostereiersuche von Gemeinden, Organisationen und Verbänden in Parks und Gartenanlagen organisiert. Es ist auch üblich, dass Verwandte und Freunde der Familie die Kinder mit großen Schokoladeneiern beschenken. Wer nicht die Möglichkeit zum persönlichen Besuch hat, schickt eine Osterkarte mit einem Geldschein für den Kauf einer Süßigkeit.

Übung

D2 Weitere Osterwünsche

Übersetzen Sie den Text in Klammern.

1. ____________________ *(Frohe Ostern)* to you – filled with friends and family, sunshine and laughter.
2. Happy Easter ____________________ *(Dir und Deiner Familie)*!
3. Happy Easter weekend ______________ *(Euch allen)*!
4. May the ______________ *(Osterhase)* find you.
5. Wishing you a happy Easter and lots of fun with the ____________ *(Eiersuche)*.
6. Wishing you a Happy Easter with ____________________ *(kostbaren Augenblicken)* and lots of ______________ *(Sonnenschein)*.

Glückwünsche

Glückwünsche sollten generell positiv und freundlich sein und keine Informationen enthalten, die über den freudigen Anlass hinaus gehen.

Zur Geburt

Dear Susan and Philip

Congratulations! Michael and I were thrilled to hear about the latest addition to the family. We look forward to seeing little David when things have settled down a bit. Meanwhile, we hope that mother and child are doing well.

With much love

Joanne

Übungen

D3 Geburt eines Kindes

Ergänzen Sie die Glückwunschkarte mit den passenden Begriffen.

ring • suitable • Congratulations • love • sleep
soon as possible • quietened • thrilled

Dear Sarah and Paul,

(1.) ____________________ on the addition to the family!
I am (2.) ________________ for you both and hope to meet baby
Jane as (3.) ______________________. I will give you a (4.)
_______________ when things have (5.) _______________
down and try to sort out a (6.) _______________ time.
In the meantime, I hope that Sarah is feeling well and
that you all are getting some (7.) _______________.

Lots of (8.) _______________,
Maeve

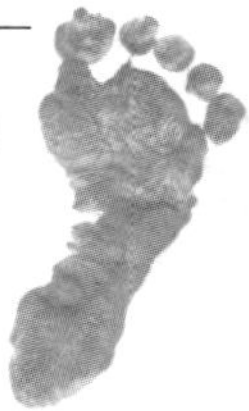

D4 Geburt des 2. Kindes

Ergänzen Sie auch diese Karte.

at last • to • are doing well • With • seeing • delighted

Dear Edith and Nigel,

Congratulations! Karin and I were (1.) ______________ to hear your good news. Liam, too, must be thrilled to have a little sister (2.) ______________.
We look forward to (3.) ______________ the newcomer (4.) _______ the family very soon. Meanwhile, we hope that mother and baby (5.) ______________.

(6.) _______ much love,
Karin and David

Zur Hochzeit

We send our best wishes for a long and happy marriage.
Wishing you all the health and happiness in this world on your wedding.
Our warm/warmest congratulations on your marriage.

Silberhochzeit / Goldene Hochzeit

Congratulations on your silver/gold wedding anniversary.

Zur bestandenen Prüfung / zur Beförderung

Well done! / Congratulations! I was delighted to hear that you passed your driving test / exams …

I would like to offer my very best wishes on your promotion to Vice President.

Dankesschreiben und -karten

Es gibt viele Gründe sich zu bedanken, also eine *thank-you-note* zu verfassen. Auch wenn in englischsprachigen Ländern vieles zunächst eher locker wirkt, weil beispielsweise oft sofort zum Vornamen übergegangen wird, so ist die Bedeutung von Formalien und Etikette nicht zu unterschätzen.

Bedanken Sie sich immer für die Gastfreundschaft (es sei denn, sie wurde von sehr engen Freunden gewährt), man könnte es Ihnen sonst übel nehmen. Auch für eine Essenseinladung durch Kollegen oder Nachbarn sollte man sich tags darauf noch einmal schriftlich bedanken – am besten mit direkter Anrede der Gastgeberin. In den USA gehört es in einigen Kreisen sogar für Kinder zum guten Ton, sich nach der Geburtstagsfeier bei den anderen Kindern für die Geschenke zu bedanken.

Beispiel: Dankeskarte eines Kindes an einen Erwachsenen

> *Dear Uncle Neill,*
>
> *Thank you very much for the book you sent me for my birthday. I have already started reading it and am enjoying it very much.*
>
> *With love,*
> *Rachel*

Dankesbrief an ein Kind

Kinder freuen sich besonders über „echte“ Briefe, umso mehr, wenn sie aus dem Ausland kommen und eine besondere Briefmarke darauf ist. Über die richtige englische Anrede von Kindern auf dem Briefumschlag brauchen Sie sich keine Gedanken zu machen. Inzwischen genügt es, den/die Vor- und Nachnamen auf den Briefumschlag zu schreiben.

Übung

D5 Ergänzen Sie die fehlenden Buchstaben.

Dear Claire,

Thank you (1.) s_ much (2.) _or the (3.) l_ _ely picture you (4.) p_ _ _ _ed for me. I put it (5.) _n the (6.) man _ _ _ piece and (7.) _ _ _ _y time I look at it, I feel as (8.) _ _ I were (9.) _ midst all those beautiful flowers and (10.) colorful b_ _ _ _ _flies.

Lots of love,
Elisabeth

Dank für Gastfreundschaft

Übernachtung

Dear Patricia

Many thanks for putting me up at your place in Dublin last week. It was lovely to see you again and I haven't enjoyed myself so much for a very long time. It's amazing how just a few days in the company of good friends can recharge the batteries.

I'm attaching some photos of our trip to Powerscourt. Weren't we lucky with the weather?

Hope to see you soon over here in Stuttgart.
Claudia

Abendessen

Dear Paula,

Thank you so much for the delicious dinner. The pasta was excellent and the wine was just wonderful. I hope the stain came out of the tablecloth.

Best wishes,
Steve

Übung

D6 Dankessätze

Fügen Sie die passende Übersetzung des *kursiv* geschriebenen Wortes ein.

delicious • enjoyable • delightful • giving • lovely (2x)
excellent • superb • most

1. Thanks very much for a most ______________ *(vergnüglich)* evening.
2. Many thanks for the pleasant evening at your ______________ *(reizend)* home.
3. Thank you very much for the ______________ *(ausgezeichnet)* meal. The haddock was ______________ *(köstlich)*.
4. Thanks for feeding me so well. The dinner was ______________ *(vorzüglich)*.
5. Thanks for ______________ *(bereiten)* us all such an enjoyable time.
6. It was ______________ *(höchst)* interesting to talk to your friends from France.
7. Thank you so much for the ______________ *(schön/reizend)* birthday present.

Dank für Hilfe

> Dear John,
>
> Many thanks for fixing my computer last week. I've checked the various programmes that you installed, and I am happy to report that these are all working beautifully.
>
> Thanks again,
> Nessa

Sollten Sie es nicht schaffen, eine hübsche Karte zu schicken, dann schreiben Sie eine E-Mail. Möglicher Einstieg:
Just a short note to thank you for …

Teacher's Day

Am Teacher's Day ist es in vielen Ländern der englischsprachigen Welt üblich, Lehrern, die man wirklich zu schätzen weiß, eine Karte zu schicken oder zu geben. In den USA ist dieser Tag immer der Dienstag der ersten vollen Maiwoche (4. Mai 2010), in Indien der 5. September, im Vereinigten Königreich, Neuseeland und den meisten anderen Ländern der 5. Oktober.
Meist wird nur *Happy Teacher's Day* auf die Karte geschrieben, manche Schüler und Studenten haben jedoch ganz persönliche Mitteilungen an ihre Lehrer.

Beliebt sind auch folgende Zitate:
Teaching is not a lost art, but the regard for it is a lost tradition. – Jacques Barzun
Good teachers are costly, but bad teachers cost more. – Bob Talbert
A teacher is someone who makes himself progressively unnecessary. – Thomas Caruthers

Wenn Sie gerade einen Englisch-Sprachkurs besuchen und Spaß daran haben – wie wäre es mit einer Karte für Ihre Dozentin oder Ihren Dozenten?

Doctor's Day

Mit dem Doctor's Day verhält es sich ähnlich wie mit dem Teacher's Day. Patienten haben die Möglichkeit, sich für den besonderen Einsatz ihres Arztes schriftlich zu bedanken. In den USA ist dieser Tag der 30. März, in Indien der 1. Juli. Es gibt zwar gedruckte *Doctor's Day*-Karten, doch häufig nutzen die Patienten allgemeine *Thank-You*-Karten für ihre ganz persönlichen Zeilen. Wer es kurz und knapp liebt, schreibt einfach nur:
Your commitment is greatly appreciated.
Happy Doctor's Day!

Einladungen

Informelle Einladung per E-Mail

Hi Jean,

I haven't talked to you for ages. Why don't you come round for a drink tonight? oder
How about dinner at my place tomorrow? oder
Dorothy and I are having lunch together at Christo's at 1 p.m. Would you like to join us?

Scott

Einweihungsfeier

Hi all,

Michael and I are having a housewarming party on Saturday, 27th February. There will be plenty of food, good music and dance. Come with a good mood and a big appetite.

Kind regards,
Linda

BYOB

Die Abkürzung *BYOB* steht für *Bring your own bottle* oder auch *Bring your own booze* (umgangssprachlich für „Alkohol"). Sind Sie nicht sicher, ob jeder die Abkürzung versteht, schreiben Sie *Bring a bottle*.

Kindergeburtstag

Please come to my
10th birthday party at
2 p.m. on **Saturday, 24th November 20..**,
in 7 Bridge Street.

RSVP 0408 789 1234

RSVP ist die Abkürzung für das französische *répondez s'il vous plaît*, zu Deutsch „u. A. w. g." oder „um Antwort wird gebeten".

Förmliche Einladung zur Geburtstagsfeier in ein Hotel

YOU ARE CORDIALLY INVITED TO MY
50TH BIRTHDAY PARTY AT SWANSEA HOTEL,
SWANSEA AT 8 P.M. ON
FRIDAY, **14TH OCTOBER 20...**

RSVP

Weniger förmliche Einladung zum 40. Geburtstag

Subject: Party Invite

Normal

Ruth's birthday party will take place the **w/e of 12–14 Feb**.
Adults and children welcome.

Venue is Mount Bolseley about 1 hour 20 mins outside the city.

The venue has a hotel (for those of you who want a bit of luxury!) with lots of facilities.

Alternatively, there are self-catering cottages on the site, about 100m from the hotel. I have provisionally booked a number of these for the weekend.

Party will be on the **Sat night** in one of the cottages (food, drink, music, dancing...).

I need to confirm numbers for the cottages by Thurs of next week, so would appreciate your RSVP by Wed, 18th Jan!

Will need to know:

- exact numbers,
- accommodation required (hotel or cottage),
- if you will be there for both the Fri and Sat,
- if you need a cot,
- any other special requests?

Hope you can make it!

Ruth

Einladung zur Hochzeit

Achtung: Den Hinweis *black tie* sollten Sie nicht zu wörtlich nehmen. *Black tie* steht für festliche Garderobe, d.h. Anzug für den Herrn, Abendkleid für die Dame. *White tie* wäre noch eleganter, dann würde vom Herrn ein Frack verlangt.

Zusagen

Übung

D7 Welche der Zusagen ist sehr förmlich (F), welche neutral (N) und welche eher informell (I)?

1. [F] *We have great pleasure in accepting your kind invitation to …*
2. ☐ *Thanks for the invitation. I would love to come. Is there anything I can bring?*
3. ☐ *Thank you very much for your invitation. I would be delighted to come.*
4. ☐ *We accept with much pleasure your very kind invitation for your birthday dinner at Swansea Hotel.*
5. ☐ *I would be delighted to join you on Saturday.*

Beachten Sie: *I would love to come* bedeutet hier nicht etwa „ich würde gerne kommen, kann aber nicht", sondern einfach „ich komme gerne".

Absagen

Absage zu Geburtstagsparty, Hochzeit etc.:
Unfortunately, I won't be able to attend the wedding as I will be in France on business.
I'm afraid I won't be able to come on Friday.
I would love to come, but …
Thank you very much for your invitation, but …
Much to my regret, …

Übung

D8 Ergänzen Sie die Absagen.

come • engagement • from • it • kind • must • previous
on • on • regret • spend • thank • to • to

1. We deeply ______________ that we are unable _________ accept your very kind invitation ___ your birthday party owing to a ____________ engagement.
2. I regret that a previous ____________________ prevents me _________ accepting your invitation.
3. I won't be able to make _________ to your houswarming party ___ Friday as I have already something ___.
4. _________ you very much for your ________ invitation to dinner which I _______ unfortunately decline as I am going on holiday next week.
5. Thanks a lot for your kind invitation to __________ a week in your holiday cottage in Connemara. I would be delighted to __________.

Verabredung

Dear Paul
I am planning to travel to Cornwall at the end of September. As I am going to stay a night in London I was wondering if we could meet for dinner somewhere. Any suggestions are welcome.
Looking forward to seeing you.
Birgit

Übung

D9 Eine Verabredung treffen

Ergänzen Sie die fehlenden Wörter.

about • could • drink • in • going • like • rather • since
such • together • wondering

Hi Graham

I am (1.)______________ to be (2.) ____________ Dublin from 1st – 4th September, and I was (3.) __________________ if we (4.) ________ spend an evening (5.)______________. How would you (6.) ______________ to show me the new tapas bar you told me (7.)____________? Or would you (8.) ______________ go to the theatre and have a (9.) ____________ afterwards?

I hope you will be able to make it. It seems (10.) ____________ as long time (11.) __________ we last met.

Peter

Mitteilung über neue Postadresse

Dear Sophie,

I have finally found a flat. It is right in the centre of Barcelona, just a short walk from Plaza Catalunia.
All rooms, kitchen, bathroom and hallway dispose of a beautifully tiled floor and stucco ceilings and there is a little balcony with a view to a small plaza with lovely old trees.

My new address is …

I hope I have made you curious and you will come and visit me soon. There is lots to see and do and I am sure you would have a wonderful time.

Love,

Michelle

Postkarten aus dem Urlaub

Greetings from Andalusia. After two days in Seville, we are now spending a few days in Granada before going to a little Mediterranean village for a bit of beach life. We are staying at a B&B in the old Albaizin quarter with a gorgeous view of the Alhambra and the city. The tapas are just wonderful.

Wish you were here.

Liz

Having a week in Menorca. I'm just relaxing. It's wonderful to have the time to catch up on some reading. The hotel food is excellent and I am trying a different wine every night.

Eric

Postkarten auf Englisch bedürfen keiner Anrede und keiner Grußformel.

Kondolenzschreiben

Das Beileid über den Tod eines Menschen auszudrücken ist nicht einfach. Hier ein paar Tipps, wie Sie auf Englisch Ihr Beileid ausdrücken können:

1. Sagen Sie, wie leid es Ihnen tut, dass die Person verstorben ist.
   I was so sorry to hear the news of your brother's accident / (sudden) death.

2. Schreiben Sie ein paar freundliche Worte über den Verstorbenen oder über das Verhältnis des Empfängers oder Ihr eigenes Verhältnis zum Verstorbenen. Wenn Sie den Verstorbenen nicht selbst kannten, können Sie darauf hinweisen, wie gut andere von ihm gesprochen haben.
   I know the two of you were very close.
   Your brother was a lovely man.
   We will miss your wife's company tremendously.
   I remember his sense of humour.
   I knew him as an outstanding member of staff.
   Your grandmother was especially kind to children.

3. Bieten Sie Hilfe an, aber nur, wenn Sie wirklich bereit und in der Lage sind, sie zu leisten.
   Please don't worry about the project. I will do everything I can to …
   If you need someone to look after the children, please let me know.

4. Wenn Sie selbst und der Empfänger gläubig sind:
   I'll pray for God's blessing for you and the children at this time.

Glück für bevorstehende Herausforderung (Wettkampf, Prüfung, etc.) wünschen

Good luck with your driving test.
Wishing you the best of luck for your final exams.
I will be keeping my fingers crossed for you.
I will be thinking of you on Sunday.

Empfehlungsschreiben

In der englischsprachigen Welt sind Empfehlungsschreiben *(letters of introduction)* viel verbreiteter als in Deutschland. Nicht nur Jobsuchende benötigen Referenzen, die gegebenenfalls ein Empfehlungsschreiben verfassen. Solche Schreiben können auch an Unbekannt geschrieben werden, um in einer privaten Situation weiter zu helfen. Im folgenden Beispiel handelt es sich um ein Empfehlungsschreiben eines Vermieters für seinen Mieter, der eine neue Wohnung sucht. Um Rückfragen zu ermöglichen, wird auf Empfehlungsschreiben die Adresse des Schreibers angegeben.

> To whom it may concern
>
> Mr Thomas Harvey has asked me for a reference, which I am happy to provide.
>
> Thomas Harvey was my tenant for three years. The rent was always paid on time and at the end of the tenancy he left the premises in a clean and tidy condition.
>
> I would have no hesitation in recommending Mr Harvey as a prospective tenant.
>
> Paul Hanks

Haustausch während der Sommerferien

House Swapping gibt es in den USA schon seit den 50er Jahren und auch in Europa wird es immer beliebter. Im Internet finden sich diverse Seiten, die Ihnen helfen, das richtige Tauschobjekt zu finden. Das Tauschen von Wohnungen ermöglicht nicht nur einen kostengünstigeren Urlaub, es bietet auch die Möglichkeit, wie ein Einheimischer zu leben und Land und Leute ganz aus der Nähe kennen zu lernen.

Dear Mr Smith,

Thank you for your enquiry regarding a property swap for the summer of 20... If you wish to obtain additional information, please feel free to contact me on 00442081234567 or the agency, Summer Rentals in Devon on 004498765.

Carla Hooper

Dear Mary,

Thanks for your email regarding a house swap for next summer. I look forward to talking to you on the phone but in the meantime, let me give you some basic information about the property.

Our house has 3 bedrooms, one double room, one twin room and a third room with bunk beds. So, it sleeps 6 in all. Our twins, Michael and Paul, share the room with the bunk beds, and our daughter, Holly, has the twin room. She often has friends over for a sleepover.

The house is located in a quiet part of the town, and there are beaches and parks close by. We also have bicycles for all the family, which may be of interest to you.

When you get here, the house is in the heart of the village, past the church and then a left turn after the post office. It is number 15 on the right hand side.

With best regards,
Elaine

E. Post von Privat an Unternehmen

74 Anfrage / Einholen von Informationen
76 Reservierung und Buchung
79 Abonnement
80 Beschwerde und Reklamation

Post von Privat an Unternehmen

Sei es die Buchung eines Hotelzimmers oder die Anfrage an einen Vermieter – selbst wenn Sie nicht aus beruflichen Gründen auf Englisch korrespondieren, bleibt das Verfassen eines Briefes oder einer E-Mail an ein Unternehmen auf Englisch häufig nicht aus. In diesem Kapitel werden verschiedene Musterbriefe vorgestellt und Sie erhalten Tipps für das Verfassen geschäftlicher Briefe.

Denken Sie zunächst an die KISS-Regel. Diese ursprünglich aus der Informatik stammende Devise steht für ***K**eep **i**t **s**hort and **s**imple*. Beschränken Sie sich auf wichtige Informationen und versuchen Sie, Ihr Anliegen möglichst klar darzustellen.

Behalten Sie auch die Devise *Write to express – not to impress* im Auge. Wichtig ist, dass der Empfänger Ihres Schreibens genau versteht, was Sie zu sagen haben. Vermeiden Sie Schachtelsätze und komplizierte grammatikalische Konstruktionen.

Einfach zu schreiben, bedeutet aber nicht, auf den angemessenen Stil oder höfliche Umgangsformen zu verzichten. Mehr dazu erfahren Sie in Kapitel H.

Anfrage / Einholen von Informationen

Einholen von Informationen zu einem Sprachkurs im Urlaub

Dear Sir or Madam

I am interested in taking part in a 2-week intermediate level language course that emphasizes oral English. I would be able to begin on any Monday in June.

As I will require accommodation during the course, I would be grateful if you could provide me with information on different accommodation facilities.

I look forward to an early reply, as I need to submit my holiday request for approval by the end of next week.

Yours faithfully

...

Anfrage an Autovermietung

> I am planning to come to Cornwall with my husband and two children, aged 5 and 8. Therefore, I would like to rent/hire a car from 5th – 19th June. I would be grateful if you could send me your daily rates for a small four-seater car and two child car seats.

Übung

E1 Anfrage an den Vermieter einer Ferienwohnung

In diesen Text haben sich Fehler eingeschlichen, die die Rechtschreib- und Grammatikprüfung von Word leider nicht erkennt. Machen Sie es besser und korrigieren Sie die Fehler. Wie heißt es richtig?

> *Deer* Mr Riley
>
> I *see* your advertisement *of* the apartment in St Ives *in* the Internet and I *were* interested *to book* it from 7th – 28th *august*.
>
> Please *say* at your *early* convenience *weather* this would be possible.
>
> Yours *faithfully*
>
> ....
>
> ______________________________
>
> ______________________________
>
> ______________________________
>
> ______________________________
>
> ______________________________

Anfrage an Fundbüro im Flughafen

> Dear Sirs,
>
> I travelled from Frankfurt to London Heathrow last Wednesday, 10th March, on flight BA 7563 and left my Ray Bans/medication/wallet behind in the seat pocket. I was sitting in seat 10C.
>
> If this has been found, I would be grateful if you could return it to me at the above address.
>
> Many thanks,
>
> ...

Reservierung und Buchung

Buchung eines Hotelzimmers/B&B

> Dear Reservations Officer / Mrs Sanders
>
> I would like to reserve a double room (with an en suite bathroom and, if possible, a view of the park) for my wife and myself at your quoted price of £.... including breakfast from 17 - 19th September 20...
>
> I would be grateful if you could provide synthetic pillows and duvets, as my wife is allergic to feathers.
>
> Many thanks in advance.
>
> Yours faithfully / sincerely
>
> Michael Winterbottom

Beachten Sie: Viele von Ihnen haben sicherlich den Kinofilm *A room with a view* gesehen. Das bedeutet übersetzt „ein Zimmer mit Aussicht". Ist näher bestimmt, worauf man blickt, heißt es *with a view **of** the garden / the beach* etc. *With a view **to*** heißt „im Hinblick auf".

Übung

E2 Frau Peters' Hotelreservierung

Frau Peters möchte für ihre Familie vom 15. bis 20. Oktober 2 Zimmer im Hotel reservieren:

- 1 Doppelzimmer für Frau Peters und ihren Mann mit genügend Platz für ein Kinderbett *(a baby cot)*
- 1 Zimmer mit 2 getrennten Betten *(a twin room)* für die beiden Töchter im Alter von 8 und 11
- Es wäre ideal, wenn die Zimmer miteinander verbunden *(interconnecting rooms)* wären.
- Beide Zimmer sollten ein eigenes Badezimmer und möglichst auch Meerblick haben.
- Das Zimmer der Töchter sollte ein Nichtraucherzimmer sein.

Formulieren Sie die Reservierung von Frau Peters auf Englisch.

Irina Peters

Stornierung einer Zimmerreservierung

Dear Sir or Madam

Unfortunately, I have to cancel my hotel booking, reservation no. 143, for tomorrow.

Please confirm this cancellation by return and let me know whether my credit card will be charged with a cancellation fee.

I apologise for any inconvenience caused.

With kind regards

Ludwig Maier

Campingplatz reservieren

Dear Manager

We are planning to spend a few days at your lovely campsite.

Would you please reserve a campsite under the trees near the path leading to the lake for a medium-sized tent, two adults and two children? I was also wondering whether you might be able to provide shelter for our tour bikes, as we wouldn't want to leave them unattended.

We will be arriving on 24th July and staying until 1st August.

Should you have any further questions, please contact me at the following email address: ...

Yours faithfully

Peter Miller

Abonnement

Zeitschrift abonnieren

Dear Sir or Madam,

During my last holiday, I bought a copy of your magazine and was most impressed by the interesting articles and wonderful photos. Could you please inform me whether delivery is also possible to Austria and how much a year's subscription would cost?

Yours faithfully,

Susanne Häfele

Zeitschriftenabonnement kündigen

Dear Sir or Madam,

I hereby wish to cancel my subscription to the Green Thumb by giving two weeks' notice to the end of the calendar month.

Yours faithfully,

Susanne Häfele

Beschwerde und Reklamation

Übung

E3 Beschwerde beim Vermieter einer Ferienwohnung

Ergänzen Sie.

stay • know • apartment • writing • comfortable • disappointed
absolutely • well • noisy • dawn

Dear Mr Hawkins

I am (1.) _________ to you concerning my family's recent (2.) _________ at your holiday (3.) _________. First, I would like to let you (4.) _________ that we found the apartment itself (5.) _________ lovely, very (6.) _________ and (7.) _____ equipped.

We were, however, (8.) _____________ to find that there was a lot of (9.) _________ building work in the apartment block from (10.) _________ to dusk.

it • what • points out • relaxing • instead • pity • itself
late • of • use

Since your website expressly (11.) _________ the peace and quiet of the apartment, we had hoped to make (12.) ______ of the large terrace and spend a quiet and (13.) __________ week with the opportunity for lots of reading.

(14.)_________, we found that we had to escape from the house early in the morning and return (15.) _________ in the evening no matter (16.) _______ the weather was like.

It really is a (17.) _______ to have such bad memories of a holiday, especially when the apartment (18.) _______ is so nice.

We would have appreciated (19.) ______ if you had informed us (20.) ______ the building works in advance and might have chosen another time for our holiday.

Yours sincerely

Britta Jensen

1. Reklamation

Dear Mr Mitchell,

On September 23rd I purchased a Hitsubishi wide screen television, model 61F500A from your Internet shop. The TV flickers and the screen is shifted to the right, with red colour dominating the screen.

As the television set is under warranty, I would be grateful if you could have the fault repaired or if you would replace the television for me.

Yours sincerely,
Dieter Hepp

E4 2. Reklamation

Tragen Sie die passende Übersetzung in das unterstrichene Feld ein.

arrange for • insist on • carried out • correspondence • repair
forthwith[1] • refer • to my satisfaction

Dear Mr Mitchell

I (1.) __________ to our earlier (2.) ____________ regarding the (3.) __________ of my television, a Hitsubishi wide screen, model 61F500A. This matter has not been dealt with (4.) ____________. The screen continues to flicker. Please (5.) ____________ collection of the television set (6.) ___________ and I (7.) ___________ this problem being resolved.

If this is not (8.) ___________ to my satisfaction, I will pursue further course of action, through my legal counsel[2].

Yours faithfully
Dieter Hepp

[1] forthwith = at once, immediately
[2] legal counsel = Anwalt, Anwältin

F. Post von Unternehmen an Unternehmen

84 Anfrage

90 *Following up* – Antworten und Nachfassen

92 Angebot und Auftrag

97 Versandanzeige

98 Reklamation

101 Zahlungserinnerung

104 Terminvereinbarung

110 Briefe, die mit *To whom it may concern* beginnen

Post von Unternehmen an Unternehmen

In diesem Kapitel geht es um die häufigsten Schreiben zwischen Unternehmen. Sie lernen wichtige Redewendungen kennen, die Sie benötigen, um Termine zu vereinbaren, eine Anfrage zu stellen, eine solche zu beantworten, fehlerhafte Ware zu reklamieren und ausstehende Zahlungen einzufordern. Am Ende des Kapitels finden Sie, wie in Kapitel A angekündigt, zwei Beispiele für Schreiben an unbekannte Unternehmen, die mit *To whom it may concern* beginnen.

Anfrage

Wenn Sie Information zu einem Produkt einholen oder sich ein konkretes Angebot machen lassen, heißt das auf Deutsch Anfrage, auf Englisch *enquiry*.

Beginnen Sie Ihre Anfrage zunächst mit einer kurzen Erklärung, woher Sie das Unternehmen kennen, z. B. so:

We recently visited your stand at the House and Garden Fair at Chilford Hall and were (most) impressed by your products.

I have seen your advertisement in the newspaper / on the Internet and am (most) interested in your ...

I learn from your advertisement in Cuisine that you ...
We have seen your website on the Internet ...
You may remember that we met at the Trade Fair in Cologne ...
Your company was recommended to us by an associate ...
Mr X has informed us that ...

Wenn Sie keine genauen Angaben machen wollen, eignet sich z. B.
We understand that your company produces/manufactures ...
We have had our attention drawn to your company/products ... and would like ...

Schreiben Sie dann, warum Sie anfragen bzw. was Sie haben wollen:

We are planning … to organise/come/participate/spend …
We are interested in retailing …
We would like to know more about …
We would be interested in receiving (samples / a colour brochure / your latest price list etc.)
We aim to sell …
We are looking for a reliable supplier of …
We think/feel/believe that your products/services would sell well in Germany.
We would be grateful if you could send us / provide us with …
Can/could you please send me …
Would you be able to help with …

Wenn Sie genau dargelegt haben, worum es Ihnen geht, beenden Sie das Schreiben mit einem abschließenden Satz:

I/We look forward to your reply.
I look forward to hearing from you soon.
We look forward to a successful working relationship in the future.
Many thanks in advance for your attention to our enquiry.
Please let us have your offer/quote as soon as possible.
We look forward to your reply with interest.
A prompt reply to this enquiry would be most appreciated.
If your company's services meet our requirements / correspond to our customers' wishes we will be in a position to place regular orders.

Anfrage an ein Seminarhotel

Junk-E-Mail

Von: Peter.Pinsel@TSH.com
An: info@olearyhotel.com

Dear Sir or Madam,

We have seen your website on the Internet and feel that your hotel would be the ideal place for the seminar we are planning in your area this summer. Therefore, we would like some information as to bed and breakfast and seminar facilities for 18 persons (12 single rooms and 3 double rooms). One of the participants is in a wheelchair and must therefore have a room and bathroom accessible by wheelchair.

The seminar is planned to take place either in the first or second week of June, from Monday to Wednesday and the participants would arrive on the evening of the Sunday before. A conference room with natural daylight and full seating in horseshoe-style would be required from 9.30 am to 4.30 pm on the aforementioned days.

Furthermore, we would require the following equipment:

- 1 overhead projector
- 1 laptop projector
- 1 projection screen
- 4 flipcharts + markers in different colours

We also require some catering in the conference room, to comprise coffee, tea, soft drinks and biscuits.

We would like to welcome all participants with a buffet dinner in the restaurant, including soft drinks, table wine or beer on Sunday at 7.30 pm.

Any other meals, telephone calls from the rooms and the use of the minibar would be charged individually.

We look forward to receiving your quotation for accommodation, breakfast, conference room, catering and the welcome buffet dinner.

Yours faithfully,

Peter Pinsel
TSH-Seminare

Übungen

F1 Anfrage an ein Hotel

Ergänzen Sie die fehlenden Passagen.

double • know • planning • grateful • available • for (2x)
what • could

Dear Sir or Madam,

We are (1.) ____________ to come to Birmingham (2.) ____ the International Gardening Fair from 20-22 September 2009. We require (3.) ____ this period three single rooms and one (4.) _______ room.
We would be (5.) ____________ if you (6.) _____ fax us to let us (7.)_________ whether you have anything (8.) ____________ and, if so, at (9.) _______ prices.

Thanking you in anticipation,

Yours faithfully

...

F2 Seating arrangements

Ordnen Sie den Illustrationen die passende englische Bezeichnung zu.

schoolroom style • U-shaped, horseshoe-style • boardroom-style
banqueting-style • theatre style

1. ______________________________

2. ______________________________

3. ______________________________

4. ______________________________

5. ______________________________

Anfrage an eine Messegesellschaft

Puppentraum GmbH
Auf der Wiese 25
86720 Nördlingen
Germany

Northhampton Exhibition & Conference Centre
Griffith Avenue
Northhampton
Hampshire NO18 5KL
UNITED KINGDOM

Dear Sir or Madam,

Booth rental and entry in Arts & Crafts Fair catalogue

We are planning to take part in the Arts & Crafts Fair 20... Please send us your quote for a rental row stand (one side open) measuring 25m x 15m x 4m (length, width, height) and the following supplies:

- Carpeting in blue and green in the reception area. We would require you to remove al carpeting after the event.
- 1 coffee machine
- an ISDN line
- 1 lockable counter (white or blue)
- 7 power points for every room
- 2 lockable cabinets (white or blue)
- 4 shelves
- 1 literature display stand
- discreet background lighting everywhere
- 5 spotlights for our exhibits
- 1 cocktail table (approx. 70 cm in diameter) with 4 upholstered chairs (possibly blue or green)
- 1 fascia board on the front side with our company name in blue and green (12 letters)
- waste disposal and cleaning during the entire event
- 1 fully plumbed sink unit with water supply
- 1 refrigerator
- 1 coat rack
- 5 electrical sockets

In addition, we would be interested in the cost of a ½-page entry in the fair catalogue.
We look forward to receiving your quotation as soon as possible.

Sincerely yours,

Karin Bauer
Puppentraum GmbH

Following up – Antworten und Nachfassen

Wenn Sie in Ihrem Brief oder Ihrer E-Mail das Thema aus einem zuvor geführten (Telefon-)Gespräch oder einem Brief wieder aufgreifen, handelt es sich um einen *follow-up letter*. Übliche Eröffnungssätze für *follow-up letters* sind:

Just a quick note to follow up on yesterday's conversation … (informell)
I am writing to follow up on our conversation of Friday afternoon … (formell)
Further to our correspondence last week concerning …
Getting back to your email of Tuesday, I am pleased to inform you …
Just a few comments about your last mail.
In reply to your email/letter, here are the figures/files …

Die folgenden Wendungen der 1. Reihe lassen sich beliebig mit den Ausdrücken in der 2. und 3. kombinieren:

I'm (just) writing to	Just a quick note to	Just a short email to
clarify • inform you • confirm • let you know • follow up on reply to • update you on		

Wenn sehr viel Zeit vergangen ist, bis Sie konkret antworten können:
You wrote in April asking to be notified when our winter accessories are available. I am attaching a pdf brochure with photos and prices of all our latest products.

Handelt es sich um eine Antwort auf eine Anfrage, kann das Schreiben auch mit folgenden Sätzen beginnen:
With reference to your enquiry of 5 March regarding …, I am pleased to send you (eher formell)
We were delighted to receive your email of 5 February asking for information on our services/products/company/hotel/region etc.
Thank you for your interest in …

Weitergehen könnte es mit
I am pleased to send you … / offer … / quote a price for …

Übung

F3 Eröffnungssätze

Übersetzen Sie folgende Sätze.

Mit dieser E-Mail möchte ich ...

1. Ihnen kurz mitteilen, ...
2. Sie kurz über den neuesten Stand der ... informieren
3. Ihnen kurz bestätigen ...
4. Ihnen kurz auf Ihren Brief antworten
5. kurz näher erläutern/klarstellen ...
6. kurz unser Gespräch vom Freitag weiterführen

Angebot und Auftrag

Ein Angebot abgeben

Dear Ms Chapman

Your enquiry of 19 February 20..

Many thanks for the above-mentioned enquiry, in which you ask for more information on our entire range of hand-sewn dolls.
Please find enclosed our latest catalogue, price list and terms of business.
The prices quoted are inclusive of packing and shipping to Europe franco to your premises by DHL. We would be willing to grant a retail discount of 15% on the net price. Furthermore, first orders are granted a discount of 5%.
We would ask you to let us know by email if you wish to place an order.
Please quote the respective catalogue numbers when placing your order so we can process it as efficiently as possible.

We very much hope that our offer is to your liking and look forward to doing business with you.

Yours sincerely
Karin Bauer
Puppentraum GmbH

Übungen

F4 Schlusssätze

Welche Fortsetzung des Satzes ist unpassend?

We hope that our offer

a. meets your expectations.
b. is appreciated.
c. is up to you.
d. will prove acceptable to you.
e. meets your requests.
f. is to your liking.

Lösung: ____ und ____

F5 Weitere Satzbausteine

Fügen Sie die passenden Satzteile zusammen.

1. Our prices are quoted ex works
2. As requested, we will send you a collection
3. We are willing to
4. Please refer to the enclosed
5. We would request payment
6. We recommend
7. We are currently able to offer our socks
8. Please do not hesitate to contact us

a. let you have a trade discount on orders worth at least 5,000.00 €.
b. and include packing.
c. catalogue for details.
d. you place a trial order.
e. of samples of our dolls by separate mail.
f. at € 2.99 per article including all taxes.
g. by transfer to our account no. 123 at Country Bank.
h. if you have any further queries.

1	2	3	4	5	6	7	8
b							

Ein Angebot ablehnen

Subject: Your quotation of 5 February, 2010

Normal

Dear Mr Craven,

Many thanks for your quotation.

We are sorry to say that the price quoted by a competitor is more favourable. We are therefore not able to place an order with you.

In all other points your offer is very interesting to us. However, we will only be in a position to place regular orders if you can find a way to lower the price in the future.

Yours sincerely,

Brian Spence

Ein Angebot annehmen und einen Auftrag erteilen

Dear Ms Barry

Your offer of 1 February 20.. – order No. 009/XZ

Many thanks for the above-mentioned offer. We now wish to order as follows:

Quantity	Description	Colour	List Price	Total	
20	Children's jumpers	Sky Haze	29.99 euros	599.80	euros
25	Men's jumpers	Blueberry	89.99 euros	2,249.75	euros
25	Women's jumpers	Cherry	89.99 euros	2,249.75	euros
			Sub-total	5,099.30	euros
			-5% discount	254.97	euros
			Total	**4,844.33**	**euros**

Delivery: Franco to our premises
Shipment: DHL
Payment: By transfer to your account at Barclays Bank in Edinburgh within 30 days after receipt of invoice
Delivery: Within 30 days after receipt of order

Please send us your confirmation of order by email and advice of dispatch.

We look forward to taking delivery of our order in the near future. If the jumpers find our customers' approval, we will be able to place a larger order next time.

Yours sincerely

Hannah Krüger
HK Strickmoden

Achtung: Punkt und Komma werden im Englischen bei Zahlen umgekehrt eingesetzt wie im Deutschen (optionales Komma nach den Tausendern und ein Punkt vor der Dezimalzahl).

Übung

F6 Wortschatz

Tragen Sie die fehlenden Wörter bzw. Buchstaben der ins Englische übersetzten Begriffe ein.

account • competitor • despatch • discount • ex • invoice
order • order • payment • quotation • separate • shipment
take • terms

1. nach Rechnungseingang	after receipt of ________
2. nach Auftragseingang	after receipt of ________
3. Händlerrabatt	trade ________
4. Zahlungsbedingungen	________ terms
5. Lieferung abnehmen	to ________ delivery
6. mit getrennter Post	under ________ cover
7. ab Werk	_____ works
8. Überweisung auf unser Konto	transfer to our ________
9. Lieferbedingungen	________ of delivery
10. Wettbewerber	com________
11. Versand durch Spediteur	________ment
12. Preisangebot	quo________
13. Auftragsbestätigung	confirmation of ________
14. Versandanzeige	advice of ________

Auftragsbestätigung

Haben Sie einen Auftrag erhalten, sollten Sie dem Kunden umgehend eine Bestätigung schicken.

From: Fiona.Barry@scotdesign.co.uk
To: Hannah.Krueger@HKS.de
Subject: Confirmation of your order No. 009/XZ

Dear Ms Krueger

We are pleased to confirm your order No. 009/XZ dated 2 February 20..
You will be receiving our advice of dispatch shortly.
Thank you for choosing to place your order with Scotdesign.

Yours sincerely

Fiona Barry

Versandanzeige

From: Fiona.Barry@scotdesign.co.uk
To: Hannah.Krueger@HKS.de
Subject: Advice of dispatch of your order No. 009/XZ

Dear Ms Krueger

We are pleased to inform you that we have dispatched your order No. 009/XZ today. We trust that the jumpers will be to your customers' satisfaction and look forward to doing further business with you in the future.

Yours sincerely
Fiona Barry

Reklamation

Achten Sie darauf, dass Sie in Ihrer Beschwerde sachlich bleiben und nicht emotional werden. Ein aggressiver Ton ist nicht sachdienlich. Sehen Sie sich hierzu auch die Satzbeispiele in Kapitel H an.

- Möglicher Einstieg:
  I am writing to complain (in the strongest terms) about ...
  I am not happy with ...
  We were disappointed to find ...
  I'm afraid that ...
  Unfortunately, ...
  We regret to tell you that ...

- Fassen Sie das Problem so genau wie möglich kurz und knapp zusammen, z. B.:
  ... the content of the language course did not match the description on your website.
  ... the quality of the shirts you sent us has given cause for complaint.

- Führen Sie alle relevanten Einzelheiten über die Ware oder Dienstleistung auf, mit der Sie nicht zufrieden sind:
  Instead of the blue jumper I ordered, I was sent / I received a green one.

- Sagen Sie klipp und klar, aber höflich, was Sie vom Empfänger erwarten:
  I would appreciate it if this situation could be resolved and a substantial rebate offered on my invoice.
  I would appreciate a replacement by return of post.
  I think I am entitled to a refund.

- Fügen Sie möglichst Nachweise bei:
  I am enclosing a photo of the damaged vase.

- Sollte es zu weiterer Korrespondenz in der Sache kommen, bleiben Sie höflich, nennen Sie jedoch ohne Umschweife, was Sie tun werden, wenn nicht das geschieht, was Sie vom Empfänger erwarten:
  Should we fail to receive a response from you by March 30, 20.., we shall take legal action.

Beispiel: Reklamation beschädigter Ware

> 10 May 20..
>
> Dear Ms Vintage
>
> <u>Our order No.12345 of 3 March 20.. for 20 antique Wedgewood bone china plates</u>
>
> The plates were delivered to us today and on opening the parcel, we found that two plates were broken and five were badly scratched and can consequently not be sold. This is most likely because they were poorly packed and roughly handled in transit. We enclose photographs of the damage for your information.
>
> We are not prepared to pay for the broken plates and only consider keeping the scratched ones if you grant us a considerable reduction in price.
>
> We look forward to receiving your comments on this matter in the very near future.
>
> Yours sincerely
> Sabine Peters
>
> Encs

Übung

F7 Reklamation an ein Speditionsunternehmen

Fügen Sie die fehlenden Wörter ein.

as soon as possible • complained • ours • grateful • condition
mishap • from (2x) • explanation • matter

Dear Mr Langley

I have just received an email (1.) _________ Ms Carroll, a customer of (2.) _________. She purchased a valuable Biedermeier bureau (3.) _________ us, which your company delivered to her residence in England. Ms Carroll has (4.) ___________ that the desk arrived damaged. The surface is badly scratched and one leg is broken as you can see on the attached photo. The antique bureau was in perfect (5.) _________ when we handed it over to your staff. Therefore, we would like to have an (6.) ____________ as to how this (7.) _________ occurred.

We would be most (8.) _________ if you could reply (9.) ___________ so that this (10.) _________ can be resolved to everyone's satisfaction.

Yours sincerely

Klaus Meier

Zahlungserinnerung

Das Eintreiben von Forderungen ist unangenehm – auf Englisch vielleicht noch mehr. Die folgenden Sätze können hilfreich sein.

Zunächst einmal sollten Sie immer davon ausgehen, dass es sich um ein Versehen handelt und die erste Mahnung auch so formulieren, z. B.:
It has most probably escaped your notice that the above-mentioned invoice has not yet been settled.
Oder: *Is it possible that the above-mentioned payment slipped your mind?*
Oder: *I write to inform you that we do not yet seem/appear to have received your payment …*
Oder: *As you normally clear your accounts promptly, I was wondering whether you might have overlooked my invoice of 3 February, 2010.*

Achtung: „Übersehen" wird mit *to overlook* übersetzt. *To oversee* bedeutet „beaufsichtigen".

Dennoch sollten Sie freundlich darauf hinweisen, wie lange die Zahlung schon fällig ist und um Überprüfung der Sache bitten.
We would point out that payment was due on …
We would be most grateful if you could check your records / look into the matter.

Auch der abschließende Satz sollte versöhnlich klingen, z. B.:
Since this is the first time that payment has been late we have not contacted you until now. Oder wenigstens neutral:
Please make sure that payment is made without any further delay.

Übung

F8 Eine Zahlungserinnerung

Tragen Sie die fehlenden Wörter in den Brief ein.

for • dated • ignore • overdue • inform • grateful
appear • matter • few days • received • prompt • of • accept

Dear Mr White

Invoice 123-78/10

I write to (1.) ____________ you that I do not yet (2.) ____________ to have (3.) ____________ your payment (4.) __________ EUR 500.00 (5.) ________ invoice no. 123-78/10, (6.) ________ 27 January. As this is now 3 months (7.) ________, I would be (8.) ________ if you could give the (9.) ________ your (10.) ____________ attention.

If payment has been made in the past (11.) ________________, please (12.) ____________ this letter and (13.) ____________ my thanks.

Yours sincerely

Sabine Müller

Entschuldigung – Antwort auf Reklamation, Zahlungserinnerung, etc.

Hat sich jemand zu Recht über Ihre Dienstleistung oder Ihr Produkt beschwert, haben Sie eine Zahlung unterlassen oder konnten Sie einen Termin nicht einhalten, dann sollten Sie den Erhalt des Schreibens umgehend bestätigen und sich entschuldigen. Das gehört zum guten Geschäftsgebaren.

I was dismayed / very concerned to receive your letter dated … and to learn that you are disappointed with our service/product.
We have just received your email regarding the order mentioned above and are (very / extremely) sorry to hear/learn that several items in the consignment …
Please accept our apologies for the delay in processing the order.
We must / wish to / would like to apologize for ...
I do apologize for …
I sincerely apologize for …
I deeply regret …
I am extremely sorry for …
Sorry for the delay in getting back to you. / I do apologize for the delay in replying.

Auch wenn es nach einer faulen Ausrede klingt, es wird eine Erklärung von Ihnen erwartet:
Our accounting department is having problems with international payment transfers.
My customers have been slow in meeting their payment obligations.
This was due to a temporary shortage of staff/supplies.

Zeigen Sie dem Kunden, dass Sie ihn ernst nehmen und versprechen Sie ihm eine Lösung oder dass so etwas nicht wieder vorkommen wird.
You are quite right to point out …
I will ring you tomorrow to suggest a solution for the problem.

We are making every effort to complete the job / pay the bill by the end of the month.
We will do our utmost to find a solution for the problem as soon as possible.
We are now looking into the matter and will be contacting you as soon as we know more about the cause of ...
We assure you this will not happen again.

Im abschließenden Satz sollten Sie die Entschuldigung noch einmal wiederholen.
We do, of course, very much regret that this should have happened at all and are sure that the matter will be settled to the satisfaction of all parties concerned.
Please accept our apologies once again.
With apologies once again, (dann Grußformel)
Once again, I apologise for any inconvenience.

Terminvereinbarung

So schnell und praktisch die moderne Kommunikation auch funktioniert, häufig lassen sich anstehende Fragen am besten bei einem persönlichen Treffen besprechen. Manchmal ist auch die Besichtigung der Produktionsstätten eines neuen Geschäftspartners angezeigt.

> Dear Mr Swan
>
> I am due to be in your area from 5th to 8th June. I would be very pleased if we could arrange a meeting to clarify the details of the forthcoming marketing campaign.
>
> Looking forward to your reply.
>
> Martha Greenfield

Hi John

I would like to schedule interviews with several applicants next week. As you are the expert, your attendance would be very welcome. Would it be possible for you to be present on Tuesday?

Cheers
Tricia

Dear Graham

I have read your report on the development of the new product line. Could we meet before week 48 to discuss the next steps to be taken?

Best wishes
Peter

Dear Nessa

I'm afraid I have to cancel our meeting. The airline has changed the flight schedule to 12.30 rather than the original time of 16.30.

Could we move the meeting to an earlier time or would you rather postpone it till next week?

I apologise for the change in plan.

Best regards

Brian

Dear Mr Smith

We would like to invite you to our Annual Sales Representatives' Meeting on Tuesday, 4th June 20.. at 7 pm.

We are confident that this evening will give you a great deal of opportunity for an interesting and stimulating exchange of opinion.

Please let us know whether you will be able to attend this event.

Sincerely
Paul Klein

Übungen

F9 Herrn Meiers Nachricht

Sehen Sie sich folgende Nachricht an. Kreuzen Sie an, worum es sich dabei handelt.

Dear Mr Hornby

I have just received your email in connection with my visit to your company's site on March 15 at 10 am.

I am delighted to confirm that I will be coming as arranged.

It will be a pleasure to see you again.

Sincerely
Matthias Meier

1. Vorschlag für ein Meeting ☐
2. Absage ☐
3. Zusage ☐
4. Terminverschiebung ☐

F10 Grund des Treffens

Welche Satzpaare passen zusammen?

1. I was wondering if it would be possible to arrange
2. I would like to call on you to clarify
3. I would appreciate it very much if I could meet you personally
4. We would be happy to invite you to our Munich office for talks
5. I would be glad if we could

a. arrange a meeting to discuss further steps.
b. on our marketing strategy for the next 12 – 18 months.
c. the details of next financial year's budget.
d. in order to share experiences with the new strategy.
e. a meeting to plan the development of the new product line.

1	2	3	4	5
e				

Fragen, wann es dem anderen passt

Wenn Sie den Grund für das gewünschte Treffen vorgebracht haben, sollten Sie selbst einen konkreten Vorschlag machen oder fragen, wann es dem anderen passt. Im folgenden finden Sie einige Beispiele:

When could we arrange a visit to your production facilities?
Are you free sometime next week?
Please let me know when you will be free to see me.
What time would be best/convenient for you?
What day would suit you best?
Are you free on 12th May?
How about Friday / week 48?
I would be glad if you could suggest a time and date.

Einen Ort vorschlagen

I suggest we meet at my office/ the airport / my hotel.

What about meeting at the ...

Zusagen und Bestätigen

Thank you for your email in which you suggest we should meet in my office ...

I would like to confirm that I will be available to see you in my office at ...

Yes, I'd love to meet you / give a speech / visit your production facilities.

Yes, Tuesday suits me fine.

That suits me fine. I look forward to seeing you there.

See you on Monday at 10 am, then.

I'll be there on Monday at 10 am.

I look forward to meeting you at the hotel on Wednesday at 5 pm.

It will be a pleasure to see you again.

I will be delighted to meet you.

Einen Termin absagen

Unfortunately, I have another appointment on that day.

I'm afraid I'm busy. (formeller)

I'm afraid I'm tied up. (eher informell)

Well, actually, I don't think I can make it. (eher informell)

I'm afraid we can't meet till Monday next week. I'm tied up the entire week.

Unfortunately, the time you suggest conflicts with my schedule / doesn't suit me.

Unfortunately, I have already something on at 10.30.

I have a busy schedule tomorrow.

I'm not free before Wednesday.

Nach Zusage doch absagen

Unfortunately, I will not be able to keep my appointment with you on Thursday as I will be out of the country on business. Please accept my apologies for the inconvenience. Would it be at all possible for you to arrange another meeting?

Unfortunately, I have to call off our meeting. An urgent matter has come up.

I have fallen ill. I am very sorry that I will not be able to attend the meeting.
Please pass on my regards to everyone at the meeting.
I regret to inform you that I won't be able to make it at the time agreed on Tuesday.

Zeitpunkt oder Ort eines Termins verschieben – Alternative vorschlagen
How about meeting on Thursday for lunch instead?
Is there any chance of seeing you on Thursday?
I therefore suggest that we look for an alternative time/place to meet.
Would an appointment on Thursday instead of Tuesday be all right for you?
Do you mind if we put it off till next week?
Would it be possible to postpone the meeting / bring it forward to week 51?
I'm afraid a rather urgent matter has come up, which is why I have to postpone the meeting tomorrow morning. Can we change the time to 2 pm?
Unfortunately, there is a conflict in my schedule / my schedule has changed. Could we move the meeting up slightly to 4 pm?
I'm afraid we need to rearrange the meeting as John wants to participate as well and he won't be in London next week.
I apologise for the change in plan and hope that the new arrangements will be acceptable to you.
Can we reschedule the meeting for next Thursday at the same time?

Hi everyone

Due to scheduling difficulties we have postponed our bi-monthly meeting to July. We will send you an email with the new meeting details in due course.

Briefe, die mit *To whom it may concern* beginnen

Briefe dieser Art benötigen den Briefkopf oder die vollständige Absenderadresse Ihres Unternehmens. Da Ihnen die Personen und Unternehmen, denen das Schreiben vorgelegt wird, nicht bekannt sind, kann eine Empfängeradresse nicht angegeben werden. Notwendig ist jedoch das Datum und eine Unterschrift bzw. ein Firmenstempel.

Praktikumszeugnis

To whom it may concern

Ms Debora Wright, born 14 October 1984, underwent a professional training programme in our bank from 1 July 2009 to 22 August 2009. During this time, she was engaged in the following fields of activity:

- Corporate Banking
- Documentary Department
- Portfolio Management

In the process, she displayed keen interest in and obtained an insight into the bank's organisation and specific work procedures. Ms Wright succeeded in performing the tasks entrusted to her and did so with a great deal of dedication and interest.

We would like to wish Ms Wright every success
for her future career.

NN Bank
Aktiengesellschaft

Bestätigung

To whom it may concern

We hereby certify that

Ms Helen Spence
date of birth: 11th August 1983

has been employed by our organisation since 16th June, 2004 and that her contract of employment has not been terminated.

Susanne Bandow
Kindertagesstätten Regenbogen GmbH

G. Bewerben auf Englisch

114 Anschreiben
119 Lebenslauf
124 Abschlüsse
128 Dankesschreiben
130 Referenzschreiben
130 Annahme des Stellenangebotes
131 Kündigung durch den Arbeitnehmer

Bewerben auf Englisch

Immer mehr Personen arbeiten für eine gewisse Zeit im Ausland, sei es im Rahmen eines Praktikums, eines Ferienjobs oder einer festen Anstellung. Dieses Kapitel bietet eine kleine Einführung ins Bewerben auf Englisch und stellt die wichtigsten Unterschiede zur Bewerbung auf Deutsch vor.

Für die Bewerbung in einem englischsprachigen Land brauchen Sie keine Bewerbungsmappe zu erstellen, denn Kopien von Schul-, Abschluss- oder Arbeitszeugnissen sind für die schriftliche Bewerbung nicht notwendig. Eine Bewerbung umfasst jedoch wie in Deutschland ein Anschreiben und einen Lebenslauf. Das Anschreiben nennt sich auf Englisch *Covering Letter* (BE) oder *Cover Letter* (AE), der Lebenslauf in Großbritannien und Irland *Curriculum Vitae* (kurz CV), in den anderen englischsprachigen Ländern *resume* oder auch *résumé*. Zu empfehlen sind dafür die Schriftgröße 11 oder 12 und Schriften mit einem klaren, gut lesbaren Schriftbild.

Bewerben Sie sich per E-Mail, kommt das Anschreiben in das Textfeld, den Lebenslauf senden Sie als Anhang (möglichst als PDF-Datei). Beachten Sie bei E-Mail-Bewerbungen die Hinweise zum Textformat, zur Signatur und E-Mail-Adresse in Kapitel B. Nutzen Sie die Betreffzeile, um schon hier für Ihre Qualitäten zu werben, z. B.
Experienced receptionist with strong organizational skills for receptionist position.

Anschreiben

Ein *Covering Letter* ist aufgebaut wie jeder andere Brief – siehe dazu Kapitel A.

1. Absender: Adresse, Telefonnummer und E-Mail-Adresse (rechts)
2. Datum (links oder rechts)
3. Adressat: Name, Position, Firma, Postadresse (links)
4. Anrede

5. Betreff
6. Brieftext
7. Grußformel
8. Name, Unterschrift

Im Betreff geben Sie an, auf welche Stellenanzeige Sie sich beziehen, oder, falls es sich um eine Initiativbewerbung *(speculative application)* handelt, in welchem Bereich Sie gern arbeiten würden:
Seeking position utilizing my strong organizational skills
Oder: *Specific interest in training programmes*

Wenn Sie die Möglichkeit hatten, vor der schriftlichen Bewerbung ein Telefongespräch mit der zuständigen Person zu führen, sollten Sie sich im Anschreiben darauf beziehen.

Der Brieftext sollte übersichtlich sein und keinesfalls zu lang. Zweck des Anschreibens ist es, den Leser neugierig auf Sie und Ihren Lebenslauf zu machen.

Führen Sie Ihre Stärken, Interessen und Erfahrungen an, die für das Unternehmen von Nutzen sein könnten. Damit diese dem Leser sofort ins Auge stechen, dürfen Sie auch mit Aufzählungszeichen aufgelistet oder eingerückt werden.

Wenn Sie gut über das Unternehmen bzw. seine Produkte informiert sind, dann haben Sie im Anschreiben die Möglichkeit, das zu zeigen:
I have always been impressed by your company's commitment to sustainability. I would welcome the opportunity to work for a company with such a good reputation in environmental awareness.

Denken Sie beim Verfassen Ihres *Covering Letter* an die Verwendung der richtigen Zeitform:

Für Tätigkeiten, die Sie nicht mehr ausüben, verwenden Sie *simple past.*
As a student, I completed an internship with/at XYZ GmbH.
Oder: *I was responsible for the hotel reception area and managed a team of 3 people.*

Für Ihre augenblicklich ausgeübte Tätigkeit verwenden Sie *present continuous*, wenn es sich um eine **kurzzeitige Beschäftigung** handelt:
I am currently attending a 3-month course in Business English.
Oder: *I am currently working on a marketing project for a new product range.*
Handelt es sich dabei um eine **langfristige Beschäftigung**, verwenden Sie *simple present*:
At present, I work for a company in the advertising sector / I am employed as a marketing coordinator.

> **Achtung:** Wenn Sie schreiben, **seit wann** Sie eine Tätigkeit ausüben, folgt *present perfect*:
> *Since 2007 / For 3 years I have been working for …*

Present perfect verwenden Sie auch für **Erfahrungen, die Sie im Laufe Ihrer augenblicklichen Tätigkeit oder Ausbildung gesammelt haben:**
As a receptionist at Seehotel I have developed the following skills: …

Wenn Sie darauf hinweisen wollen, was Sie ***während* einer bestimmten Beschäftigung in der Vergangenheit** gelernt haben, sind *past continuous* und *past tense* die richtigen Zeitformen:
While I was working as a receptionist, I learnt how to …

Wenn Sie Ihre **Kenntnisse/Erfahrungen** nur aufführen, **aber nicht nennen, wann sie erworben wurden**, ist *simple present* die richtige Zeitform:
I have solid experience in …

Übungen

G1 Covering letter for position of beautician

Unterstreichen Sie die richtige der angegebenen Möglichkeiten.

Dear Ms Madrigal

I (1.) *write / am writing* this letter to apply for the (2.) *work place / position* of beautician that I saw advertised on your website.
(3.) *Since/For* the past two years (4.) *I have been / am* employed as a beautician at Schönheitsfarm Am Wasser, Bad Klosterlausnitz. Although I am very happy with my work environment in my current position, I would like to move to England (5.) *because of / for* personal reasons. I am interested (6.) *to work / in working* in a big international hotel. I feel sure that I (7.) *were / would be* a valuable addition to your team as you could benefit from my

- (8.) *great/large* experience and big passion for my work
- (9.) specialisation *on/in* Ayurvedic spa treatments
- (10.) *outgoing/contact-friendly* and (11.) *sensible/sensitive* personality

I very much hope that you will find my application of interest, and I look forward to hearing from you.

(12.) *All the best / Sincerely yours*

Bella Schöne

G2 Cover letter for position of Receptionist

Unterstreichen Sie die richtige der angegebenen Möglichkeiten.

Dear Ms Mills

Your Advertisement (1.) *on/in* the Internet for the (2.) *place/position* of Receptionist

(3.) *In/Since* the past 5 years I (4.) *was / have been* employed as (5.) *-/an* assistant (6.) *of/to* the manager of a (7.) *children's/children* home. Even though I am successful in my current position, I (8.) *would like to / want to* gain international work experience. (9.) *Actually/Currently* I am attending evening classes in Business English to be well prepared for a position in an English speaking environment.

Allow me to (10.) *tell you / highlight* my strengths:

- German (11.) *mother/native* speaker
- (12.) *liquid/fluent* in English
- MS Office skills – intermediate level
- (13.) *flexible/flexibel* and organized
- service-oriented
- good telephone manner
- (14.) *agreeable/nice* voice

Most importantly, I am a quick learner. I would (15.) *appreciate/estimate* the opportunity to present in greater detail the contributions I would make as your Receptionist. I can be reached at +49 89 - 1234567.

(16.) *Thank you / Thanks* (17.) *in advance / before* for your attention (18.) *to/of* my application.

(19.) *Yours faithfully / Yours sincerely*

Kai Fröhlich

Lebenslauf

Auch wenn Sie schon einen perfekten deutschen Lebenslauf auf Ihrem Computer gespeichert haben, sollten Sie diesen nicht einfach übersetzen, denn es sind einige formale und inhaltliche Unterschiede zu berücksichtigen.

Der englische Lebenslauf ist üblicherweise antichronologisch, d. h. er beginnt nicht mit der Grundschule, sondern mit der aktuellen Tätigkeit. Auf Angaben aus der Schulzeit können Sie verzichten, es sei denn, Sie haben damals schon Fähigkeiten bewiesen, die für die angestrebte Stelle ein positives Licht auf Sie werfen. Es genügt, wenn Sie den höchsten Abschluss angeben, den Sie während der Schulzeit erworben haben.

Der englische Lebenslauf muss nicht lückenlos sein. Wenn Sie schon länger im Berufsleben stehen, listen Sie nicht jede Tätigkeit, die Sie ausgeübt haben, auf, sondern beschränken sich auf die, die für Ihre jeweilige Bewerbung relevant sind. Auch Auszeiten bedürfen keiner Erklärung.

Der Lebenslauf sollte nie länger als 2 Seiten sein. Der Leser möchte nicht alles über sämtliche Stationen in Ihrem Leben erfahren, sondern das, was Sie für eine Tätigkeit in seinem Unternehmen auszeichnet. Stellen Sie daher vor allem die Erfahrungen, Kenntnisse und Interessen heraus, die für die angestrebte Position wichtig sind.

Machen Sie nur Angaben über sich, über die Sie auch im Vorstellungsgespräch ausführlich Auskunft geben können.

Ein englischer Lebenslauf wird weder datiert noch unterschrieben.

Hier finden Sie die notwendigen Bestandteile eines englischen Lebenslaufs der Reihe nach:

Personal information
Erforderliche Angaben:

Name
Address
Telephone (Vergessen Sie nicht die internationale Vorwahl vor Ihrer Telefonnummer.)
Email
Nationality
Date of birth

Zum Familienstand und zur Religionszugehörigkeit werden keine Angaben gemacht. Ein Foto ist unüblich, um das Gebot der Gleichberechtigung zu wahren.

Die persönlichen Informationen können Sie optisch relativ frei gestalten. Sie können sie linksbündig oder zentriert, unter- oder nebeneinander aufführen. Der Name darf größer geschrieben sein als der Rest. Überlegen Sie, was für den Empfänger Ihres Lebenslaufes besonders wichtig ist. Ist es der Beruf, soll die E-Mail-Adresse besonders auffällig sein, damit er Ihnen sofort schreiben kann, etc.?

Beispiele:

Bianca Fröhlich

Frühlingsstraße 8
81749 München, Germany
Phone: +49 89 384858
Fax: +49 89 384859
Email: Bianca.Froehlich@aol.com

Date of Birth: 8 October 1986
Nationality: German

Oder:

Name	Bianca Fröhlich
Address	Frühlingsstraße 8, 81749 München, Germany
Telephone	+49 89 384858
Email	Bianca.Froehlich@aol.com
Nationality	German
Date of birth	8 October 1986

Oder:

Bianca Fröhlich

Frühlingsstraße 8, 81749 München, Germany

+49 89 384858 Bianca.Froehlich@aol.com

Achtung: Es geht nicht darum, bei der Gestaltung möglichst kreativ zu sein (außer vielleicht in kreativen Berufen). Das Auge des Lesers, der sich meist nur wenige Minuten Zeit für eine einzelne Bewerbung nimmt, soll vor allem auf besonders wichtige Punkte gelenkt werden. Selbstverständlich sollte das gesamte Dokument lesefreundlich gestaltet sein.

Career objective

Dieser Punkt ist besonders für Initiativbewerbungen geeignet. Er soll Ihnen Gelegenheit geben zu zeigen, dass Sie genau wissen, was Sie können und was Sie suchen. Führen Sie diesen Punkt nur an, wenn Sie glauben, dass das Ihrer Bewerbung nützt. Er soll Ihnen Gelegenheit geben zu zeigen, dass Sie genau wissen, was Sie können und was Sie suchen. Wenn Sie Ihre wichtigsten Fähigkeiten schon im *Covering Letter* auf den Punkt gebracht haben, sollten Sie sich nicht wiederholen. Einige Beispiele:

Seeking a challenging position in administration offering the opportunity to enhance my organizational/book-keeping skills.
Oder: *Position as an intern in the field of Intranet/website management where I can put my knowledge of website management to practical use.*
Oder: *I am keen to broaden my knowledge in the field of ...*

Work experience
Hier werden die bisherigen Arbeitserfahrungen, Dauer der jeweiligen Beschäftigung, Name und Anschrift der jeweiligen Firma sowie Details über Arbeitsschwerpunkte angeführt.
Wenn Sie noch keine Berufserfahrung haben, lassen Sie diesen Punkt weg.

Education and training
Hier werden die Daten zu Studium/Ausbildung und Schulbildung antichronologisch aufgelistet.

Personal/Other skills and competences
Dieser Punkt gibt Ihnen die Möglichkeit, auf zusätzliche Qualifikationen hinzuweisen. Dazu gehören u. a. Computer- und Sprachenkenntnisse. Sinnvoll ist es, bei allen Kenntnissen auch anzugeben, wie gut sie sind *(basic, good, very good, intermediate, advanced, proficient)*.

Vergessen Sie nicht, bei den Sprachkenntnissen Deutsch anzugeben, auch wenn es Ihnen selbstverständlich erscheint, dass Sie Deutsch können. Gerade Ihre besonderen Deutschkenntnisse könnten für die Einstellung vorteilhaft sein.

Grübeln Sie nicht, wie Sie Begriffe wie *verhandlungssicher* und *fließend in Wort und Schrift* aus Ihrem deutschen Lebenslauf ins Englische übertragen sollen. Halten Sie sich bei den Sprachniveaus an die oben genannten Einstufungen oder verwenden Sie *working knowledge*, *fluent* oder *fluent in Business English*. Die Übersetzung *business-fluent* für „verhandlungssicher" findet sich zwar mittlerweile in einigen Online-Wörterbüchern, sie ist aber bei Muttersprachlern nicht gebräuchlich. Kommt das Wort in Stellenanzeigen vor, kann es sich um Übersetzungen aus dem Deutschen handeln.

Sehr gut ist es natürlich, wenn Sie Ihr Sprachniveau nach dem Gemeinsamen Europäischen Referenzrahmen (z. B. A2) oder eine TELC-Prüfung, also ein Europäisches Sprachenzertifikat angeben können.

Achtung: Muttersprache heißt zwar *mother tongue*, aber ein Muttersprachler ist ein *native speaker*.

Interests

Dazu zählen z. B. Hobbys, Vereinszugehörigkeit etc. Gern gesehen sind soziales Engagement und sportliche Aktivitäten. Wie auch im deutschen Sprachraum zieht die Personalabteilung gewisse Rückschlüsse aus Ihren Hobbys. Geben Sie jedoch nur Interessen an, die Sie auch wirklich haben. Es ist durchaus üblich, im Bewerbungsgespräch auf die angegebenen Interessen angesprochen zu werden und es wäre zu peinlich, wenn sich dann zeigen würde, dass Sie von der Sache nicht viel Ahnung haben.

References

Damit sind z. B. die Referenzen eines ehemaligen Arbeitgebers, Lehrers oder Dozenten gemeint.

Zeugnisse sind nicht beizufügen. Dennoch sollten Sie darauf hinweisen, dass Sie diese gern nachreichen:
Certificates are available on request.
Im künstlerischen Bereich könnten allerdings Arbeitsproben z. B. im Postkartenformat nützlich sein.

Wenn Sie jemanden als Referenz angeben, sollten Sie vorher Rücksprache halten, ob die betreffende Person einverstanden ist. Referenzen werden mit vollständigem Namen, Position, Telefonnummer und Adresse angegeben. Sollten Sie zunächst keine Referenzen angeben, können Sie schreiben:
References (are) available on request.

Work Status
Dieser Punkt ist nur notwendig, wenn Sie sich in einem außereuropäischen Land bewerben. Sie zeigen damit den Stand Ihres Visums an: Z. B. *require sponsorship to work in this country* oder *authorized to work in* (Ländername) *for any employer.*

Abschlüsse

Deutsche Abschlüsse entsprechen meist nicht denen in englischsprachigen Ländern und in diesen Ländern selbst unterscheiden sich die Bildungssysteme auch beträchtlich. Daher sollten Abschlüsse in Ihrem Lebenslauf kurz erläutert werden.

Hier einige Vorschläge:

Schulabschluss allgemein	school leaving certificate
Hauptschulabschluss	lower secondary (school-)leaving certificate
Mittlere Reife	intermediate leaving certificate, UK: equivalent to GCSE
Allgemeine Hochschulreife, Abitur	general university entrance qualification UK auch: A-level equivalent, AE: high school diploma
Wirtschaftsabitur	economics-orientated university entrance qualification
Ausbildung in einem Büro- oder Verwaltungsberuf	(vocational) training
Praktikum bei	internship with/at (AE), work placement with/at (GB)
Ausbildung in einem Industrie- oder Handwerksberuf	apprenticeship

Fachhochschulreife, Fachabitur	limited university entrance qualification
Diplom, Magister, Staatsprüfung	equivalent to Master of Arts (M.A.) auch: *I hold a degree in …*
Vordiplom, Zwischenprüfung	intermediate exam to master's degree
Diplomarbeit	thesis, degree dissertation, final year project
Magisterarbeit	master's thesis
Doktorarbeit	dissertation, doctoral thesis
Fachkauffrau/-mann für Marketing (IHK)	marketing specialist (IHK-certified)
Restaurantfachfrau/-mann (IHK)	restaurant specialist (IHK-certified)

Oriented *oder* orientated?

Beides ist richtig. *Orientated* wird eher im BE verwendet, *oriented* im AE.

Beispiel: Lebenslauf

Curriculum Vitae

Name:	Christoph Geiger
Address:	Musterstr. 59 86161 Augsburg
Telephone:	++49 821 88 54 73
E-mail:	chris.geiger@t-online.de
Date of birth:	9 June 1989
Nationality:	German
<u>Career objective</u>	Seeking a position with greater responsibility
<u>Work experience</u>	
2007- present	Commis de Rang, Restaurant Olive, Augsburg, Germany, a fine dining restaurant. I am responsible for setting tables, taking orders and serving at table including filleting, slicing and flambéing.
<u>Education and training</u>	
2005-2007	Berufsschule II (vocational college), Augsburg, Germany apprenticeship scheme, IHK (Chamber of Commerce and Industry) examination as Restaurantfachmann (restaurant specialist) final assessment 2.2 (equivalent to B)
1999-2005	Staatliche Wirtschaftsschule, Nördlingen, Germany (Economics-oriented secondary school) Mittlere Reife (intermediate leaving certificate), overall grade 2.9 (equivalent to C)
<u>Other skills and competences</u>	
Languages	German (native speaker), English (fluent), Spanish (basic)
PC skills	MS Office
Other	first aider driving license 6-week residential language course in Malaga, Spain
<u>Interests</u>	theatre, ballroom dancing, ice-skating, piano
<u>References</u>	References are available on request

Übung

G3 CV Birgit Sommer

Ergänzen Sie.

au-pair • address • interests • references • position • PC skills
education • taking • answering • very good • to • skills
responsible • nationality • experience • fluent • for • name

(1.)__________	Birgit Sommer
(2.)__________	Walderseestr. 15
	....
(3.)__________	German
Career objective	Seeking a (4.) __________ in Hotel Management
Work (5.)__________	Hotel Granada, Schönstadt
2007- present	Assistant (6.)______ the Conference Manager. I am (7.) __________ for providing administrative support, (8.) __________ equiries, (9.)__________ bookings and arranging catering.
(10.)__________ and training	
2005-2007	Berufskolleg Hamburg, Germany apprenticeship scheme, ...
Other (11.) __________ and competences	
Languages	German (native speaker), English (12.) (__________), French (basic)
(13.) __________	Word, Excel, Powerpoint (14.) (__________)

Other	driving license worked as an (15.) ____________ in Birmingham (16.) _____ one year
(17.)____________	Yoga, swimming, jazz music
(18.)____________	Petra Jensen, Conference Manager, Hotel Granada ... Michael Blohm, Teacher at Berufskolleg Hamburg ...

Dankesschreiben

In den USA ist es für viele Bewerber selbstverständlich, nach dem Bewerbungsgespräch ein Dankesschreiben an die Kontaktperson im Unternehmen zu schicken. Auch einige deutsche Bewerbungstrainer empfehlen mittlerweile ein solches Schreiben. Es gibt Ihnen die Möglichkeit, an sich selbst und an die wichtigsten Punkte des geführten Gespräches zu erinnern. Sie können Vergessenes ergänzen und zeigen, dass Sie gerade durch das Gespräch zu dem Schluss gekommen sind, dass die entsprechende Position genau die richtige für Sie ist. Allgemeinplätze sind in solchen Schreiben zu vermeiden. Daher ist es sinnvoll, wenn Sie direkt während des Gespräches oder sofort danach Notizen zum Gespräch machen, damit Sie sich auf Einzelheiten beziehen können. Adressieren Sie den Brief an alle am Vorstellungsgespräch beteiligten Personen oder schreiben Sie jedem einzeln. Dankesschreiben sollten innerhalb der nächsten 1 – 2 Tage nach dem Vorstellungsgespräch beim Empfänger eingehen. Wenn Sie wissen, dass das Unternehmen schnell eine Entscheidung treffen will, schreiben Sie eine E-Mail. Wie bei der Bewerbung sollten Sie die Betreffzeile nutzen, um für sich zu werben.

Übungen

G4 Claudia's Thank-you letter

Ergänzen Sie.

enthusiasm • about (2x) • confident • organization • in
productive • additional • taking • willingness
as you presented it • interview • skills (2x) • match

Dear Mr Nice

Thank you so much for (1.)_________ the time to speak to me (2.) _________ the position of IT-specialist available at your company. I would be delighted to work for an (3.)_______________ with such a good reputation (4.)_____ environmental awareness.

The position, (5.)_________________, seems to be an excellent (6.)_________ for my (7.)_________ and interests. I am (8.)_________ that my solid background as well as my problem solving and research (9.)_______ will enable me to be a (10.)_________ member of the team. In addition to my (11.) ___________, I would bring to the position a (12.) _________ to learn, both (13.)_______ the company and the current projects underway.

I appreciate the time you took to (14.) _________ me and would be very interested in working for you. If I can provide you with (15.) _________ information, please let me know.

Thank you for considering my interest in working for your organization.

I look forward to hearing from you.

Sincerely yours,
Claudia Hagelgans

G5 Ihr eigenes Dankesschreiben

Verfassen Sie Ihr eigenes Dankesschreiben für ein Bewerbungsgespräch in Ihrem Arbeitsbereich.

Referenzschreiben

Dear Ms Mills

Kai Fröhlich

In reply to your request for a reference on Mr Fröhlich in connection with his application for a position as Receptionist, I am pleased to provide you with the following information.

Mr Kai Fröhlich has been working in our organisation for approx. five years. His work was always done very professionally and quickly. Mr Kai Fröhlich has a cheerful disposition and is skilled at dealing with people. He is entirely trustworthy and reliable and also sensitive to other people's needs. He has told me of his intention to leave us because he wishes to gain international work experience.

I have no hesitation in recommending Mr Fröhlich for the post as Receptionist, for which I feel he would be ideally suited.

Yours sincerely
Marion Schneider

Annahme des Stellenangebotes

Dear Ms Mills

I am delighted to accept your offer of the position of Receptionist starting on 1st April 20..
Please find enclosed a signed copy of my employment contract.
I look forward to starting work on 1st April 20..

Yours sincerely
Kai Fröhlich

Enc. Employment contract

Kündigung durch den Arbeitnehmer

Wenn Sie sich beruflich weiterentwickeln wollen, kommen Sie gelegentlich nicht umhin, zu kündigen und die Stelle zu wechseln.

kündigen = *to give notice / to quit / to hand in one's notice*
mit einer Frist von drei Monaten kündigen = *to give 3 months' notice*

Übungen

G6 Lindas Kündigung

Übersetzen Sie die Wörter in Klammern ins Englische.

Dear Jane

As required by my (1.) __________ *(Arbeitsvertrag)*, I (2.) __________ *(hiermit)* give you 2 months' notice of my (3.) __________ *(Absicht)* to leave my position as receptionist with Lady Fitness & Health Club. I feel it is time to take up (4.) ____________________ *(eine neue berufliche Herausforderung)* and I have (5.) __________ *(angenommen)* a position elsewhere. I would like to take (6.) __________ *(diese Gelegenheit)* to thank you for the experience I have (7.) __________ *(gesammelt)* and the (8.) __________ *(Unterstützung)* given by everybody working here.

Kind (9.) __________
Linda Lübeck

G7 A crossword puzzle

Übersetzen Sie die folgenden Begriffe, dann erfahren Sie, was Ihnen die Redaktion wünscht.

1. Ausbildung
2. Stelle
3. im Ausland
4. Bildung
5. Bewerbung
6. erfolgreich (Adv.) / mit Erfolg
7. freie Stelle
8. Arbeitserlaubnis

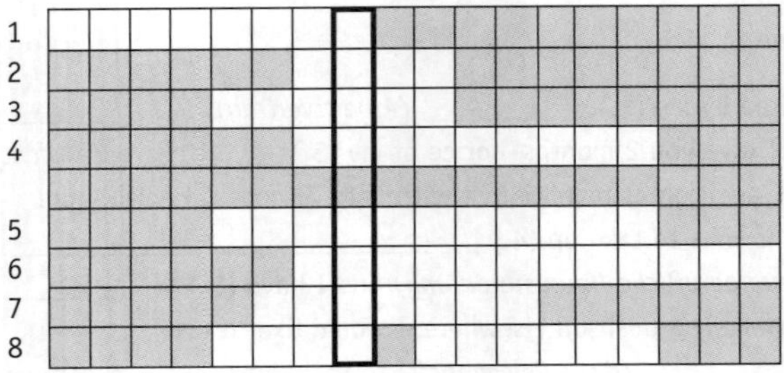

Lösungswort: ____________________

H. Stilsicher und korrekt

134 Formell oder informell?
136 Die englische *politeness*
140 Diplomatisch und indirekt
142 Kommasetzung
144 Ein kleines überstrapaziertes Wort: *because*
145 Zahlen, Zeiten und Orte
148 Das richtige englische Wort für „Termin"
149 Seit – *since* oder *for*?

Stilsicher und korrekt

Formell oder informell?

Die englische Sprache verfügt über einen unglaublichen Reichtum an Wörtern (mehr als doppelt so viele wie die deutsche). Dabei zeichnet sie sich durch eine große Zahl an Synonymen aus, die je nach Situation und Schreibstil eingesetzt werden.

Für die Geschäftskorrespondenz empfiehlt sich je nach Situation ein unkomplizierter und dennoch formeller und höflicher Stil. Ein Beispiel: *We hereby wish to inform you that ...*
Steht im Wörterbuch *colloqu.* (Abk. von *colloquial* – umgangssprachlich), ist Vorsicht angebracht und Sie sollten auf jeden Fall prüfen, ob das Wort für Ihre geschäftliche Korrespondenz geeignet ist. In Briefen sollten Sie auf Kurzformen wie *I'll, we're* und *it's* verzichten, in geschäftlichen E-Mails sind sie – je nach Ansprechpartner – durchaus üblich.

Passivkonstruktionen werden besonders dann verwendet, wenn der Anlass formell ist *(You are cordially invited ...)* oder wenn es Schwierigkeiten gibt und die Aussage diplomatisch verpackt werden soll (siehe Kapitel F).

In der privaten Korrespondenz zwischen Freunden oder in der geschäftlichen E-Mail-Kommunikation zwischen Mitarbeitern eines Unternehmens oder Mitarbeitern verschiedener Unternehmen, die sich schon länger kennen, werden informelle Formulierungen und Kurzformen verwendet. Häufig liest sich solche Post wie gesprochene Sprache.
Beispiel: *This is to let you know that ...*

Übung

H1 Synonyme

Ersetzen Sie den kursiv geschriebenen Ausdruck mit den folgenden Synonymen und kreuzen Sie den Satz an, der formeller klingt.

ended • asked • suit • due to • get in touch
delete • occupied • help

	formeller
1. a. Which day would *be convenient* for you?	☐
b. Which day would __________ you?	☐
2. a. Please *cross out* the dates when you are not available.	☐
b. Please __________ as inapplicable.	☐
3. a. The meeting *was terminated* at 11.30 GMT.	☐
b. The meeting __________ at 11.30 GMT.	☐
4. a. Please do not hesitate to *contact us* if you need further *assistance*.	☐
b. Please __________ if you need any __________.	☐
5. a. He couldn't go to the meeting *because of* an urgent problem.	☐
b. He was unable to attend the meeting ________ a matter that required his immediate attention.	☐
6. a. He *enquired* after her health.	☐
b. He __________ how she was.	☐
7. a. Sorry, I'm *busy* at the moment, can I ring you back later?	☐
b. I'm afraid, I'm __________ between 9 and 10 am.	☐

accept my apologies • as • as soon as possible • respond

8. a. I very much regret that I cannot come *due to* a prior engagement. ☐
   b. Sorry, I can't come ___ I already have an engagement on that day. ☐

9. a. *Sorry* for the late reply. ☐
   b. Please ________________ for not having replied to you sooner. ☐

10. a. I'll get back to you asap. ☐
    b. I will ______________ to your message ______________ ______________. ☐

Die englische *politeness*

Wer schon einmal ein englischsprachiges Land bereist hat, hat sicherlich festgestellt, dass *please* und *thank you* in der gesprochenen Sprache eine wichtige Rolle spielen.
Genauso wichtig ist diese Höflichkeit beim Schreiben. Mit *please* und *thank you* (oder informeller *thanks*) fahren Sie auf jeden Fall richtig. Wollen Sie ein Schreiben mit dem Dank für etwas beginnen oder beenden, eignet sich z. B. *Thanking you* am Satzanfang.

Übungen

H2 *Thank you* und *Please*

Fügen Sie die passenden Satzteile aneinander.

1. Thank you / Thanks / Thanking you
2. Please

a. for your letter of September 12.
b. find enclosed ...
c. let us know your requirements.
d. reply as soon as possible.
e. for your email received October 20..
f. in advance.
g. find attached ...
h. accept our apologies for ...
i. for getting back to me so quickly.
j. for your kind attention to this matter.

1	2
a,	

Achtung: Steht *please* am Ende des (Teil-)Satzes, wird davor ein Komma gesetzt: *Could you reply as soon as possible, please?*

Auch die Verwendung von *would* und *could* trägt dazu bei, ein Anschreiben höflicher klingen zu lassen.

H3 *Would* und *could*

Setzen Sie *would* oder *could* ein, um die Sätze höflicher klingen zu lassen.

1. Please send us ...

_________ you please send us ...?

2. Can you send me ...?

__________ it be possible for you to send me ...?

3. We want to know ...

We __________ like to know ...

4. We hereby confirm ...

We __________ like to confirm ...

5. Please finish this by tonight.

__________ you please finish this by tonight?

6. I want you to complete this form ...

__________ I ask you to complete this form ...

7. I need this back by tomorrow.

__________ I please get it back by tomorrow?

8. I want a room with a view of ...

I __________ like to have a room with a view of ...

9. I want to order ...

I __________ like to order ...

10. Please don't forget ...

I __________ like to remind you ...

11. Send it again in text format, please.

__________ you send it again in text format, please?

H4 Wendungen

Welche Wendung in der ersten Spalte entspricht welcher in der zweiten Spalte?

1. kindly let us have
2. we would be grateful if
3. information about

a. details concerning
b. please send us
c. we would appreciate it if

1	2	3

Auch die Verwendung von *kind* oder *kindly* gibt einem Satz eine höflichere Note.

H5 *Kind* oder *kindly*?

Fügen Sie das passende Wort ein, *kind* (Adj.) oder *kindly* (Adv.).

1. Thank you very much for your ________ invitation.
2. ________ let us have your latest update.
3. Thank you for your ________ attention.
4. Once you have received our confirmation of your reservation, you are ________ requested to pay a deposit of USD 200.
5. Please be so ________ as to sign and return this letter to me. (förmlich)
6. ________ let us know your decision.
7. You are ________ requested to complete this form and return it at your earliest convenience.
8. ________ let us know the cause of the delay.

Diplomatisch und indirekt

Ablehnung oder Kritik werden im englischen Sprachraum höflich und dezent formuliert. Statt eines klaren Nein erhält man die Antwort *I'm not sure we can do that* oder *I can't say right now*. Auch Vorschläge werden weniger direkt formuliert als im Deutschen, z. B. durch eine Frage:
Why don't we ...?
Oder: *What about ...?*

Auch in der Korrespondenz werden Dinge aus Gründen der Höflichkeit eher untertrieben oder diplomatisch verpackt. Statt *There is a problem* schreiben Sie lieber *It seems we have a small problem*. Weitere Adjektive, die geeignet sind, eine Sache nicht unnötig aufzubauschen, sind *slight, minor* und *little*.

Wenn Sie Ihr Geld immer noch nicht bekommen haben, erinnern Sie den säumigen Zahler lieber so: *I was wondering if something went wrong with the invoice* statt so: *You haven't paid the invoice yet.*

Lässt die Qualität der bestellten Ware zu wünschen übrig, ist der Satz *It appears that the quality of the items delivered does not correspond with that of the sample* dem Satz *The items delivered are worse than the sample* vorzuziehen.

Und wenn Sie anderer Ansicht sind als die Person, mit der Sie korrespondieren, schreiben Sie lieber *I think we have slightly different opinions* statt *I do not agree at all.*

Hat jemand etwas vergessen, dann weisen Sie ihn lieber so darauf hin: *I'm afraid you forgot to attach the file* anstatt so: *You didn't attach the file.*

Selbst die Aufforderung bald zu antworten können Sie freundlich verpacken. Schreiben Sie nicht *Please answer as soon as possible* sondern *We are looking forward to hearing from you soon.*

Übung

H6 Diplomatische Wendungen

In der rechten Spalte sehen Sie, wie man die Aussagen in der linken höflicher formulieren kann. Ergänzen Sie die fehlenden Wörter.

wondering • would • afraid (2x) • would be • please • slight inferior • appears • could • seems

1. I can't open the file. Send it again in text format.	I'm ________ I can't open the file. Could you send it again in text format, ________?
2. We want to postpone the meeting.	We were ________ if it ________ possible to postpone the meeting.
3. Sorry, I can't help you.	I'm ________ I cannot help you with this.
4. Please send me your presentation by Tuesday.	I ________ appreciate it if you ______ send me your presentation by Tuesday.
5. You forgot to pay the bill.	It ________ that you forgot to pay the bill.
6. You sent the letter very late.	There ________ to have been a problem with the post.
7. The product you sent us was very bad.	The product you sent us was of ________ quality.
8. This is not what we wanted.	There seems to have been a ______ misunderstanding.

Kommasetzung

Die englische Kommasetzung unterscheidet sich in einigen Fällen von der deutschen. Im Folgenden erhalten Sie ein paar einfache Kommaregeln für Ihre Korrespondenz.

- Bei Aufzählungen können Sie die **Kommas wie im Deutschen** setzen:
  We look forward to receiving your quotation for accommodation, breakfast, conference room, catering and the welcome buffet dinner.

- **Bei if-Sätzen** ist **nur** ein **Komma** zu setzen, **wenn der Teilsatz mit *if* am Anfang steht:**
  If we decide to buy the property, we must pay the full market value.
  Aber: *We must pay the full market value if we decide to buy the property.*

- **Nach folgenden Wörtern am Satzanfang** steht ein Komma:
  firstly, secondly, ...
  on the other hand
  therefore
  furthermore
  moreover
  in fact
  however
  Beispiel: *Unfortunately, we have not received the information you sent to us yet.*

- **Berufsbezeichnungen** nach dem Namen stehen zwischen Kommas: z. B.
  Peter Brown, Sales Manager, also participated.

- Kommas stehen zwischen Stadt, Bundesland/Grafschaft/Bundesstaat und Land, z. B.:
  The meeting was held in Falmouth, Massachusets, USA.
  Last year, we spent two weeks in Fowey, Cornwall, England.
  The meeting took place in Fowey, California, USA.

- Ein Komma steht bei der amerikanischen Datumsschreibweise, um die Zahlen auseinander zu halten:
  We met on July 14, 2008.

Kein Komma wird **vor *that*** und ***whether*** oder **vor dem erweiterten Infinitiv** gesetzt:

I know that you really want the job.
Please inform us whether you would be able to deliver by Monday.
Do you think that we should be prepared for a surprise?
Mark went to the boss to talk to him.

> Achten Sie beim abschließenden Durchlesen Ihrer Briefe darauf, ob es Stellen im Text gibt, die ohne ein Komma vielleicht schwierig oder sogar falsch zu verstehen sind.
>
> Vergleichen Sie:
> *We are of course very pleased to have you here.*
> *We are, of course, very pleased to have you here.*

Übung

H7 Kommas

Setzen Sie fehlende Kommas in die folgenden Sätze ein.

1. Unfortunately we are not in a position to provide finance to your organization.
2. In fact demand for our product has increased.
3. I hereby confirm that Ms Schwarz was employed as a secretary in our office.
4. Could you please buy bread tomatoes coffee and milk?
5. Therefore we do not wish to go any further.

6. In fact we are still looking for the right person to do that.
7. Moreover our products are available in all sizes.
8. Nevertheless we would like to have a look at it.
9. Please note that we are unfortunately not in a position to assist you with travel arrangements.
10. However if you have already sent a remittance please disregard this letter.
11. I very much hope that you will find my application of interest.
12. Please let me know whether you need any assistance in that matter.
13. If you write to Jane give her my regards.

Ein kleines überstrapaziertes Wort: *because*

Meist verwenden nicht-Muttersprachler im Englischen *because*, wenn sie die Gründe für etwas darlegen wollen. Folgende Alternativen können ein Anschreiben abwechslungsreicher und interessanter machen.

As	As you normally clear your accounts promptly, I was wondering whether you might have overlooked my invoice of February 3, 20...
Since	Since this is the first time that payment has been late we have not contacted you until now.
Owing to	Owing to a lack of raw materials we have no alternative but to decline your order.
Due to	Due to unforeseen problems, we are not able to deliver the goods before Friday next week.
In view of the fact	In view of the fact that your offer does not meet our requirements, we cannot place an order with you.
Given that	Given that financial institutions are currently not prepared to grant us a loan ...

Übung

H8 Es muss nicht immer *because* sein

Fügen Sie die passende Konjunktion ein. Manchmal sind Mehrfachnennungen möglich.

a) as	b) since	c) owing to	d) due to
e) in view of the fact		f) given that	

1. ______________ that the products were tainted with harmful substances, they had to be withdrawn from the market.
2. _______ the products were tainted with harmful substances, they had to be withdrawn from the market.
3. ________________ that the product has only been on the market for a few days, we cannot give a report on the quality yet.
4. _______ the fine weather, we sold lots of swimwear at the end of the season.
5. ________________ we have run out of goods, we are unfortunately not able to deliver before week 48.

Zahlen, Zeiten und Orte

Wie viel:

Deutsch	**Englisch**
€ 1,99	*€ 1.99*
auf 1.200 m Höhe	*at a height of 1,200m*

Tausender werden häufig mit einem k abgekürzt: *10k = 10,000*

Wann:

at *the moment*

at *present*

at *two o'clock / 2 pm*

at *night* (nachts)
at *the beginning/end of the week*
at *the weekend* (BE)
at *a later date*
at *the end of the season*

on *the weekend* (AE)
on *Tuesday*
on *Monday mornings/evenings/nights*
on *a cloudy day*

in *the morning/afternoon/evening*
in *February*
in *2010*
in *half an hour*
in *summer*

seit wann
as of *5th April* (formell)
after *5th April*
since *5th April* (Achtung, an *present perfect* denken!)

bis wann
by *tomorrow morning* – bis (spätestens) morgen früh *(Could I please have the presentation by tomorrow morning?)*
until *Thursday* – bis Donnerstag *(Our office is closed until Thursday.)*

von wann bis wann
from … to
from ... through

während welches Zeitraums

over *the weekend/week*
over *the past two years*
over *the past 5 months*

Wo:

a place ***on*** *the seminar/language course*
Aber: ***In/at*** *the seminar we learnt ...*
on *++ 353 1 898 2778*

at *the office*
at *work*
at *Mechanical Engineering Building*
our account ***at*** *Barclays Bank*
at *nicolas.wright@sesit.com*
at *Jenny's*
at *the airport*
at *the hotel*
at *the meeting*

Übung

H9 Präpositionen

Fügen Sie die passende Präposition ein.

1. Please note that our office will be closed _____ Monday.
2. I rang you about that matter sometime _____ March.
3. Let's speak to each other _____ Monday _____ 10 am.
4. He is a student _____ a large university.
5. The interview will take place _____ 5th March _____ 9.30.
6. The company was founded _____ May 15, 2001.

7. I rarely fly _____ Monday mornings.
8. We will see each other _____ 9.00.
9. The business partners from Madrid arrive _____ Wednesday.
10. I look forward to meeting you _____ the fair.
11. The property went on the market _____ June.
12. Can you access your account _____ Sparkasse online?
13. I cleared out the cellar _____ the weekend.
14. To book a place _____ the sales seminar, please email HR _____ …
15. I spent the weekend _____ Paul's place.
16. I met Mr O'Neill _____ the bus stop.
17. Which hotel are you staying _____?
18. Shall we meet _____ the station?
19. _____ the seminar, I learnt how to present our products.
20. We need the report _____ EOB tomorrow.
21. Are you free _____ 12th May?
22. Are you going to be _____ the marketing meeting?
23. I will be available to see you _____ your office _____ Friday.

Das richtige englische Wort für „Termin"

Je nach Kontext gibt es verschiedene englische Bezeichnungen für den deutschen Begriff „Termin".

Übung

H10 Appointment, date oder deadline?

Übersetzen Sie die folgenden Sätze ins Englische.

1. Ich habe um 15 Uhr einen Termin bei meinem Rechtsanwalt.
   (with my solicitor / 3 pm)

   ___

2. Mit dieser Technologie können wir den Termin halten.
   (With this technology / meet)

   ___

3. Ich habe gerade einen Termin für ein Treffen mit der Verkaufsabteilung festgemacht.
   (arranged / for a meeting / sales department)

   ___

Seit – *since* oder *for*?

Since verwenden Sie, wenn Sie einen genauen **Zeitpunkt** in der Vergangenheit nennen, z. B.:
I have been living in England since November.
Oder: *I have been working for my new boss since 2008.*

For verwenden Sie, wenn Sie sich auf einen **Zeitraum** in der Vergangenheit beziehen, z. B.:
I have been living in England for 2 years now.
Oder: *I have been working for my boss for five months.*

Übung

H11 *Since* oder *for*

Ergänzen Sie.

1. I have been in a meeting _______ 9 am.
2. I have been in a meeting _______ 3 hours.
3. Our computer has been down _______ two days.
4. Our computer has been down _______ yesterday.
5. I haven't met Peter _______ the conference in Prague.
6. I haven't met Peter _______ several weeks.

Lösungen

A. Alles rund um den Brief auf Englisch

A1 1. e 2. f 3. b 4. h 5. a 6. c 7. d 8. g

A2 1. Capt. 2. Col. 3. Dr 4. Gen. 5. Lt. /auch Lieut. 6. Maj. 7. Prof. 8. Revd 9. H.M. 10. Mr 11. Mrs 12. Sen.

A3 1. c, f
2. b (c nur, wenn Sie in sie verliebt sind), d, e
3. c, d, e
4. a (b nicht, da man in Neuseeland BE verwendet), f
5. (nicht a, denn Sie wissen nichts über den Familienstand der Dame), c, f
6. a, (b nur, wenn Sie sich gut kennen gelernt haben oder in einer E-Mail), d

A4

Dear Sir or Madam,
. (Leerzeile)
<u>Subject: Latest price list</u>
. (Leerzeile)
We are interested in ...

Yours faithfully,

A5 1. subject
2. for the attention of
3. Dear Madam
4. Dear Sir
5. Sincerely
6. Ms
7. carbon copy
8. Kind regards
9. enclosure
Lösungswort: snail mail

B. Alles rund um die E-Mail auf Englisch

B1 1. a, f, h, i, l
2. b, c, d, e, g, j, k

B2 1. Jan 2. Feb 3. Mar 4. Apr 5. May 6. Jun 7. Jul 8. Aug 9. Sept 10. Oct 11. Nov 12. Dec

B3 1. Mon 2. Tue 3. Wed 4. Thu 5. Fri 6. Sat 7. Sun

B4 1. c 2. f 3. a 4. b 5. d 6. g 7. e

B5 1. d 2. c 3. a 4. b 5. f 6. e

B6 Checkliste Abwesenheitsnotiz
- ggf. Dank: *Thank you for your e-mail.*
- Bis wann sind Sie nicht erreichbar?
- Kann der Leser sich an eine andere Person wenden? Wie lautet die Telefonnummer mit internationaler Vorwahl (*contact ... **on*** + Nummer) oder die E-Mail-Adresse (*contact ... **at*** + Adresse)?
- Kann man Sie per Handy erreichen (***on*** + Nummer inkl. internationale Vorwahl)?
- Ab wann kann der Absender mit einer Antwort von Ihnen rechnen?
- *Thank you* oder Grußformel und Ihr Name

B7 1. Season's 2. like 3. all 4. Happy

B8 **Vertikal:** 1. query 2. forward 4. EOM
Horizontal: 3. quote 5. subject line 6. read receipt 7. attachments 8. mobile 9. time-sensitive 10. kind regards 11. Hi 12. office reply
Lösungswort: spam mail

C. SMS – Kurzmitteilungen

C1 b: be c: see r: are u: you

C2 2: to/too 4: for 8: ate

C3 1ce: once 2mro: tomorrow
2b: to be 2L8: too late B4: before
4U: for you 4evr: forever

C4 d8: date gr8: great
m8: mate L8r: later db8: debate

C5 txt: text fwd: forward
wld/wd: would pls: please
attn: attention / for the attention of
cld/cd: could msg: message
ryt: right thx: thanks
mtg: meeting cr8: create

C6
1. How RU?
2. RU @ hme?
3. CU 2mro
4. mtg with mgmt @ 10am

C7
1. I'll be late.
2. Lunch has been rescheduled to Wednesday at 1 p.m.
3. Please reserve (a) table for 3 (persons) at 7 p.m.
4. Train delayed. Could you please pick me up at 15.30?
5. The meeting with Nigel was cancelled. The next meeting is scheduled for tomorrow at 10 a.m.
6. Could you please text me Paul's address?
7. Thanks for your help today. You are great!

D. Post von Privat an Privat

D1 1. Merry 2. all 3. best 4. for 5. happiness 6. prosperity 7. New 8. Love

D2 1. Happy Easter 2. to you and your family 3. to you all 4. Easter Bunny 5. egg hunt 6. precious moments, sunshine

D3 1. Congratulations 2. thrilled 3. soon as possible 4. ring 5. quietened 6. suitable 7. sleep 8. love

D4 1. delighted 2. at last 3. seeing 4. to 5. are doing well 6. With

D5 1. so 2. for 3. lovely 4. painted 5. on 6. mantelpiece 7. every 8. if 9. amidst 10. butterflies

D6 1. delightful 2. lovely 3. excellent, delicious 4. superb 5. giving 6. most 7. lovely

D7 2. informell 3. neutral 4. sehr förmlich 5. informell/neutral

D8
1. regret, to, to, previous
2. engagement, from
3. it, on, on
4. Thank, kind, must
5. spend, come

D9 1. going 2. in 3. wondering 4. could 5. together 6. like 7. about 8. rather 9. drink 10. such 11. since

E. Post von Privat an Unternehmen

E1 *Dear* Mr Riley

I *have seen/saw* your advertisement *for* the apartment in St Ives *on* the Internet and I *would be* interested *in booking* it from 7th – 28th *August*. Please *confirm* at your *earliest* convenience *whether* this would be possible.

Yours *sincerely*

E2 Mustertext:

Dear Sir or Madam

I would like to reserve 2 rooms in your hotel, a double room for myself and my husband, with enough room to accommodate a baby cot, and a twin room for our daughters, aged 8 and 11 from 15th – 20th October 20... Ideally, these should be interconnecting rooms. Both rooms should have en suite bathrooms and, if possible, a view of the sea.

Could you please make sure the twin room is a non-smoking room?

Many thanks in advance.

Yours faithfully
Irina Peters

E3 1. writing 2. stay 3. apartment 4. know 5. absolutely 6. comfortable 7. well 8. disappointed 9. noisy 10. dawn 11. points out 12. use 13. relaxing 14. Instead 15. late 16. what 17. pity 18. itself 19. it 20. of

E4 1. refer 2. correspondence 3. repair 4. to my satisfaction 5. arrange for 6. forthwith 7. insist on 8. carried out

F. Post von Unternehmen an Unternehmen

F1 1. planning 2. for 3. for 4. double 5. grateful 6. could 7. know 8. available 9. what

F2 1. banqueting-style 2. theatre style 3. schoolroom style 4. boardroom-style 5. U-shaped, horseshoe-style

F3 Just a short email to 1. inform you of / let you know 2. update you on 3. confirm 4. reply to your letter 5. clarify 6. follow up on our talk on Friday

F4 c und e

F5 2. e 3. a 4. c 5. g 6. d 7. f 8. h

F6 1. invoice 2. order 3. discount 4. payment 5. take 6. separate 7. ex 8. account 9. terms 10. competitor 11. shipment 12. quotation 13. order 14. despatch

F7 1. from 2. ours 3. from 4. complained 5. condition 6. explanation 7. mishap 8. grateful 9. as soon as possible 10. matter

F8 1. inform 2. appear 3. received 4. of 5. for 6. dated 7. overdue 8. grateful 9. matter 10. prompt 11. few days 12. ignore 13. accept

F9 3.

F10 2. c 3. d 4. b 5. a

G. Bewerben auf Englisch

G1 1. am writing 2. position 3. For 4. have been 5. for 6. in working 7. would be 8. great 9. in 10. outgoing 11. sensitive 12. Sincerely yours

G2 1. on 2. position 3. In 4. have been 5. - 6. to 7. children's 8. would like to 9. Currently 10. highlight 11. native 12. fluent 13. flexible 14. agreeable 15. appreciate 16. Thank you 17. in advance 18. to 19. Yours sincerely

G3 1. Name 2. Address 3. Nationality 4. position 5. experience 6. to 7. responsible 8. answering 9. taking 10. Education 11. skills 12. fluent 13. PC skills 14. very good 15. au pair 16. for 17. Interests 18. References

G4 1. taking 2. about 3. organization 4. in 5. as you presented it 6. match 7. skills 8. confident 9. skills 10. productive 11. enthusiasm 12. willingness 13. about 14. interview 15. additional

G5 Checkliste Dankesschreiben nach *job interview*

- ▶ Absender und Empfänger wie bei jedem anderen Brief
- ▶ Anrede an die Person oder die Personen, mit denen Sie während des Bewerbungsgespräches gesprochen haben
- ▶ Nennung der Punkte, die Sie an der Stelle/am Unternehmen besonders interessant fanden und der Gründe, warum die Stelle zu Ihnen passt
- ▶ Ergänzungen zum Gespräch (möglicherweise Vergessenes)
- ▶ noch einmal Dank im abschließenden Satz
- ▶ Grußformel
- ▶ handschriftliche Unterschrift
- ▶ getippte Unterschrift
- ▶ ggf. in der Anlage Nachweise über Qualifikationen, die im Gespräch zur Sprache kamen

G6 1. employment contract 2. hereby 3. intention 4. a new professional challenge 5. accepted 6. this opportunity 7. gained 8. support 9. Regards

G7 1. training 2. post 3. abroad 4. education 5. application 6. successfully 7. vacancy 8. work permit
Lösungswort: good luck

H. Stilsicher und korrekt

H1 1. suit, a 2. delete, b 3. ended, a 4. get in touch, help, a 5. due to, b 6. asked, a 7. occupied, b 8. as, a 9. accept my apologies, b 10. respond, as soon as possible, b

H2 1. a, e, f, i, j 2. b, c, d, g, h

H3 1. Could 2. Would 3. would 4. would 5. Could 6. Could 7. Could 8. would 9. would 10. would 11. Could

H4 1. b 2. c 3. a

H5 1. kind 2. Kindly 3. kind 4. kindly 5. kind 6. Kindly 7. kindly 8. Kindly

H6 1. afraid, please 2. wondering, would be 3. afraid 4. would, could 5. appears 6. seems 7. inferior 8. slight

H7 1. Unfortunately, we are not in a position to provide finance to your organization.
2. In fact, demand for our product has increased.
3. I hereby confirm that Ms Schwarz was employed as a secretary in our office.
4. Could you please buy bread, tomatoes, coffee and milk?
5. Therefore, we do not wish to go any further.
6. In fact, we are still looking for the right person to do that.
7. Moreover, our products are available in all sizes.
8. Nevertheless, we would like to have a look at it.
9. Please note that we are unfortunately not in a position to assist you with travel arrangements.
10. However, if you have already sent a remittance, please disregard this letter.
11. I very much hope that you will find my application of interest.
12. Please let me know whether you need any assistance in that matter.
13. If you write to Jane, give her my regards.

H8 1. e 2. a, b 3. e 4. c, d 5. a, b, f

H9 1. on 2. in 3. on, at 4. at 5. on, at 6. on 7. on 8. at 9. on 10. at 11. in 12. at 13. on/over/at 14. on, at 15. at 16. at 17. at 18. at 19. In/At 20. by 21. on 22. at 23. at, on

H10 1. I have an appointment with my solicitor at 3 pm.
2. With this technology, we can meet the deadline.
3. I have just arranged a date for a meeting with the sales department.

H11 1. since 2. for 3. for 4. since 5. since 6. for

Anhang: Abkürzungen und Vermerke

158 Vermerke für den Umschlag
158 Abkürzungen für Straßennamen und Adresszusätze
159 Abkürzungen, die dem Namen nachgestellt werden
159 Abkürzungen, die Sie möglicherweise in Ihrer Korrespondenz vorfinden
160 Abkürzungen häufiger Rechtsformen im englischsprachigen Raum
161 Standardisierte *County*-Abkürzungen im Vereinigten Königreich
162 Abkürzungen der US-Bundesstaaten
164 E-Mail- und SMS-Kürzel

Vermerke für den Umschlag

Englisch	**Deutsche Entsprechung**
Urgent	Dringend
(Private and) Confidential	(Persönlich und) Vertraulich
Please do not bend	Bitte nicht knicken
Return if undelivered	zurück falls unzustellbar
Registered Mail (BE), *Certified Mail* (AE)	Einschreiben
with return receipt (BE) / *return receipt requested* (AE)	mit Rückschein
Poste Restante	Postlagernd

Abkürzungen für Straßennamen und Adresszusätze

Abkürzung	**Bedeutung**
Aly	Alley
Apt	Apartment
Ave	Avenue
Bldg	Building
Cres	Crescent
Ct	Court
Fl	Floor
Gdns	Gardens
Pl	Place
Rd	Road
Rm	Room
Sq	Square
St	Street
Terr	Terrace

Alley bedeutet übrigens nicht Allee. *Alleys* sind eher schmale Gassen oder Wege, während eine breite Allee auf Englisch *avenue* heißt.

Abkürzungen, die dem Namen nachgestellt werden

Abkürzung	Bedeutung
B.A.	Bachelor of Arts
B.Sc.	Bachelor of Science
J.P.	Justice of the Peace
M.A.	Master of Arts
M.D.	Doctor of Medicine
M.P.	Member of Parliament
LL.B.	Bachelor of Laws
Ph.D.	Doctor of Philosophy

Abkürzungen, die Sie möglicherweise in Ihrer Korrespondenz vorfinden

Abkürzung	Bedeutung (in Klammern: deutsche Entsprechung)
am/a.m.	ante meridiem (vormittags) a.m. steht manchmal auch für *above mentioned*
approx.	approximately
CEO	Chief Executive Officer (Vorstandsvorsitzende/r, Hauptgeschäftsführer/in)
cf.	confer (vgl.)
CFO	Chief Financial Officer (Leiter/in Finanzabteilung, Finanzvorstand)
CIO	Chief Information Officer (IT-Leiter/in, IT-Vorstand)
COB	close of business
COD	cash on delivery (per Nachnahme)
dept	department (Abt.)
e.g.	exempli gratia (z. B.)
EOB	end of business
EOM	end of month
esp.	especially

extn	extension
GMT	Greenwich Mean Time (WEZ – Westeuropäische Zeit)
HR	Human Resources
i.e.	id est (d. h.)
incl.	including
lb	pound (Gewicht)
lbs	pounds (Gewicht)
NB	nota bene (bitte beachten)
no.	number
nos.	numbers
p.a.	per annum
p.p.	per procurationem (pp., ppa.)
p.t.o./PTO	please turn over (b. w.)
pm/p.m.	post meridiem (nachmittags)
PO	postal order
reg. no.	registration number
regd	registered
sgd	signed (gez.)
SOB	start of business
wt	weight
yd	yard

Abkürzungen häufiger Rechtsformen im englischsprachigen Raum

(werden dem Firmennamen nachgestellt, wie in Deutschland)

Abkürzung	**Bedeutung**
Co.	Company
Corp.	Corporation
Inc.	Incorporated

LLP	Limited Liability Partnership
LP	Limited Partnership
LTD	Limited (Neuseeland)
Ltd.	(private) limited company
Plc.	public limited company
Pty. Ltd.	Proprietary Limited Company (Australien)
Pvt. Ltd.	Private Limited Company (Indien)
Unltd.	Unlimited (Hong Kong)

Standardisierte *County*-Abkürzungen im Vereinigten Königreich

Abkürzung	**Bedeutung**
Beds	Bedfordshire
Bucks	Buckinghamshire
Caer	Caerphilly
Cambs	Cambridgeshire
Derbys	Derbyshire
E Yorks	East Riding of Yorkshire
Glos	Gloucestershire
Hants	Hampshire
Herefs	Herefordshire
Herts	Hertfordshire
I o M	Isle of Man
I o W	Isle of Wight
Lancs	Lancashire
Leics	Leicestershire
Lincs	Lincolnshire
Middx	Middelsex
Northants	Northamptonshire
Notts	Nottinghamshire

Shrops	Shropshire
Staffs	Staffordshire
Wars	Warwickshire
Wilts	Wiltshire
Worcs	Worcestershire
Yorks	Yorkshire

Abkürzungen der US-Bundesstaaten

Abkürzung	**Bedeutung**
AL	Alabama
AK	Alaska
AS	American Samoa
AZ	Arizona
AR	Arkansas
CA	California
CO	Colorado
CT	Connecticut
DE	Delaware
FL	Florida
GA	Georgia
HI	Hawaii
ID	Idaho
IL	Illinois
IN	Indiana
IA	Iowa
KS	Kansas
KY	Kentucky
LA	Louisiana
ME	Maine
MD	Maryland

MA	Massachusetts
MI	Michigan
MN	Minnesota
MS	Mississippi
MO	Missouri
MT	Montana
NE	Nebraska
NV	Nevada
NH	New Hampshire
NJ	New Jersey
NM	New Mexico
NY	New York
NC	North Carolina
ND	North Dakota
OH	Ohio
OK	Oklahoma
OR	Oregon
PA	Pennsylvania
RI	Rhode Island
SC	South Carolina
SD	South Dakota
TN	Tennessee
TX	Texas
UT	Utah
VT	Vermont
VI	Virgin Islands
VA	Virginia
WA	Washington
WV	West Virginia
WI	Wisconsin
WY	Wyoming

E-Mail- und SMS-Kürzel

Abkürzung	Bedeutung
@	at
atb	all the best
bcz	because
cttee	committee
f2f	face to face
fyi	for your information
iow	in other words
lol	laughing out loud
otoh	on the other hand
pcm	please call me
poss	possible
pwb	please write back